Mathemax

Mathematik für Grundschulkinder
im 1. Schuljahr

Ausgabe N

von Rüdiger Manthey
Udo Quak
Wilhelm Schuldt

mit Illustrationen
von
Erich Rauschenbach

- ● Aufgaben zur Differenzierung (schwierigere Aufgaben), mit grünem Punkt gekennzeichnet

 Aufgaben zur zusätzlichen Übung, die abgeschrieben und im Heft gerechnet werden sollen

Cornelsen

sortieren / einordnen

Erfahrungen mit Zahlen

anknüpfen an Alltagssituationen / erzählen

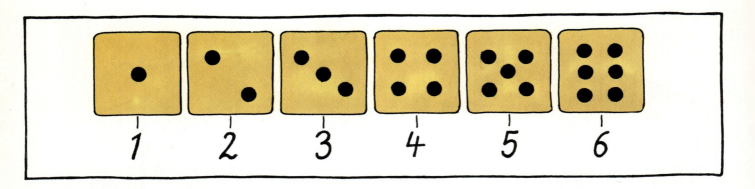

zurückgreifen auf Erfahrungen mit Würfelbildern und Zahlen / Würfelspiele / würfeln und das Würfelbild (Käferspiel) oder die Augenzahl (Pilzspiel) mit einem Plättchen abdecken

 2 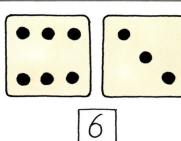 6 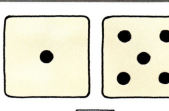 1

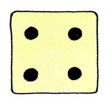 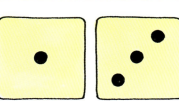 3   5

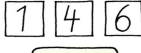

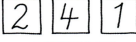

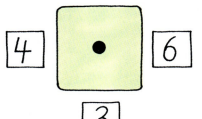
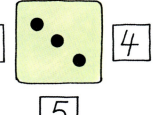

Zahlen und Würfelbilder zuordnen / auf Vorkenntnisse zurückgreifen

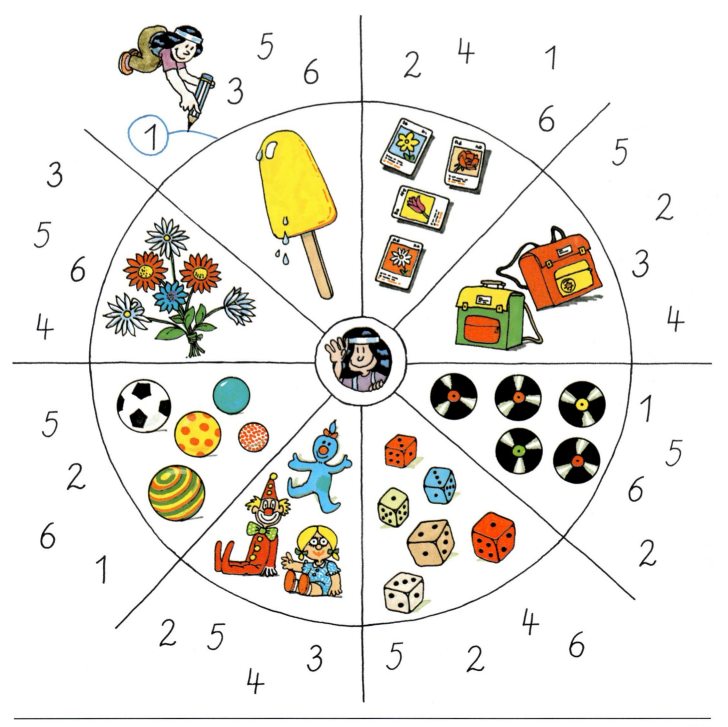

auf Vorkenntnisse zurückgreifen / Zahlen und Bilder zuordnen

Die Zahlen 1 bis 6 – Einführung

erzählen / Tiergruppen suchen und benennen / zählen

erzählen / Tiergruppen zu den Zahlen 1 und 2 suchen / mit Plättchen nachlegen / die Zahlen 1 und 2 schreiben

erzählen / Tiergruppen zu den Zahlen 3 und 4 suchen / mit Plättchen nachlegen / die Zahlen 3 und 4 schreiben

erzählen / Tiergruppen zur Zahl 5 suchen / mit Plättchen nachlegen / die Zahl 5 schreiben

erzählen / Gruppen zur Zahl 6 suchen / mit Plättchen nachlegen / die Zahl 6 schreiben

Gruppen zu den Zahlen 1 bis 6 bilden

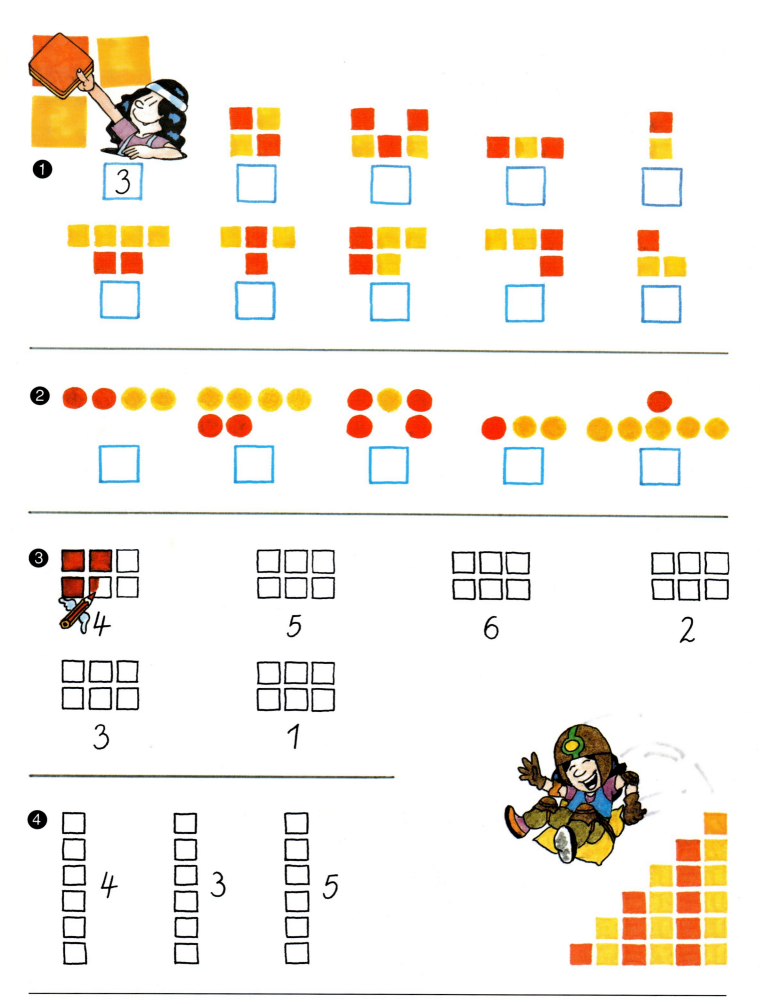

Ordnen der Zahlen 1 bis 6 – größer als (>), kleiner als (<)

18   erzählen / ähnliche Situationen spielen / zuordnen / vergleichen

erzählen / mit Plättchen abdecken und nachlegen / Zahlen zuordnen und vergleichen

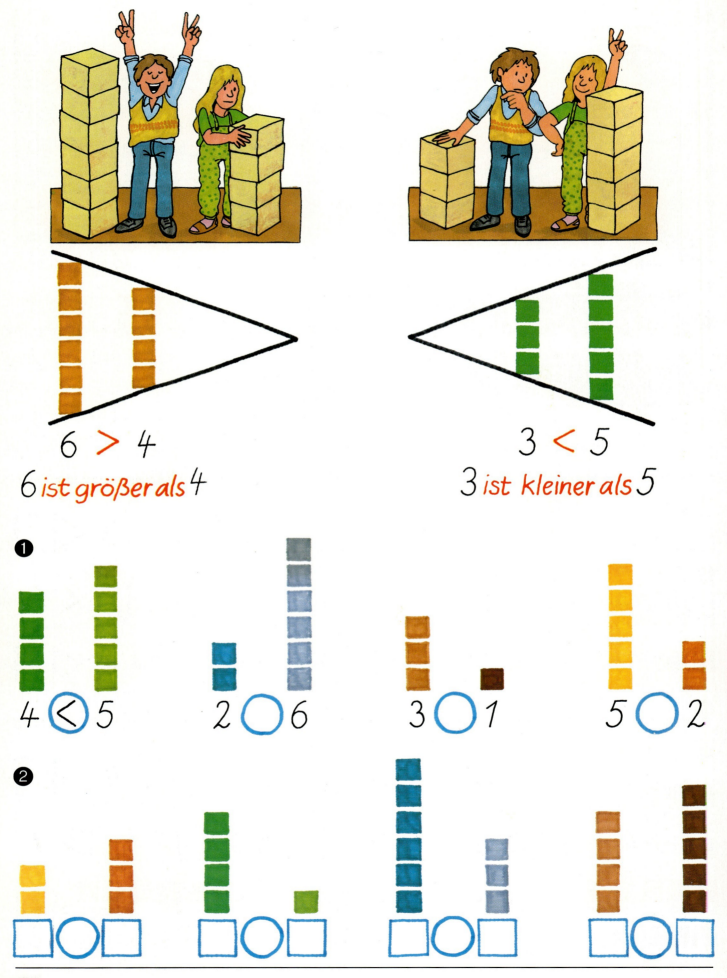

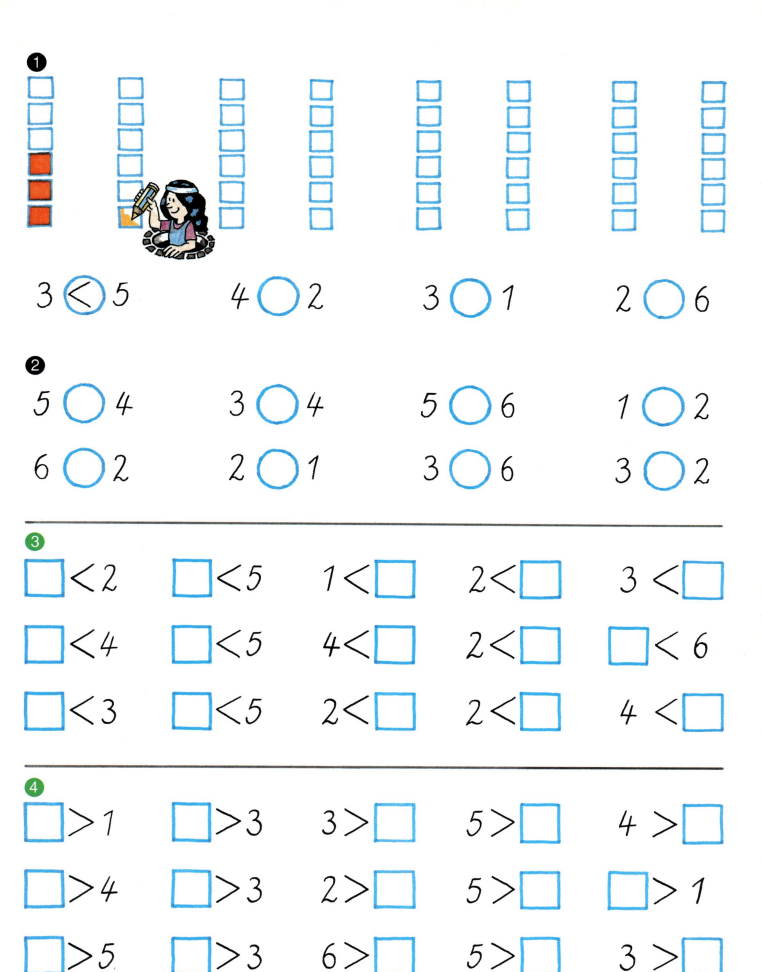

❶
2 < 3   6 > ☐   3 < ☐   5 > ☐
2 < ☐   6 > ☐   3 < ☐   5 > ☐
2 < ☐   6 > ☐   3 < ☐   5 > ☐

❷
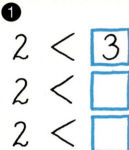

1 2 3 4 5 6

❸
1 < 3   5 ◯ 2   4 ◯ 6   1 ◯ 5
6 ◯ 4   3 ◯ 1   2 ◯ 3   6 ◯ 3

❹
3 < ☐   ☐ > 1   2 < ☐   ☐ < 6
3 > ☐   ☐ < 2   2 > ☐   ☐ > 5

❺
☐◯☐   ☐◯☐   ☐◯☐   ☐◯☐

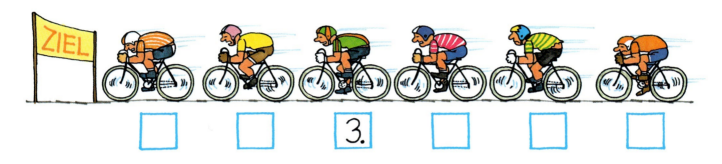

Ordnungszahlen auf Spielsituationen anwenden / die Reihenfolgen aufschreiben

Zusammenzählen und abziehen

2 + 1 = 3
2 plus 1 gleich 3

☐ + ☐ = ☐
plus   gleich

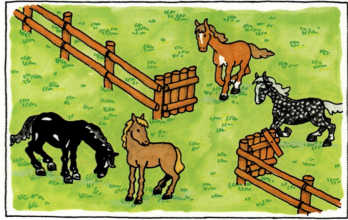

1 + 3 = ☐

2 + 2 = ☐

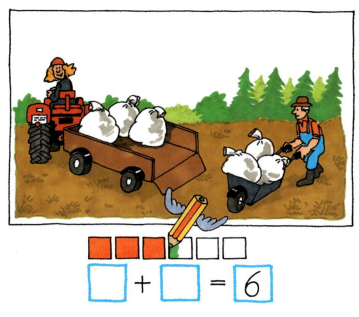

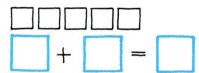
☐ + ☐ = ☐

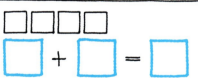
☐ + ☐ = ☐

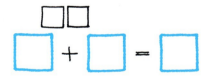
☐ + ☐ = ☐

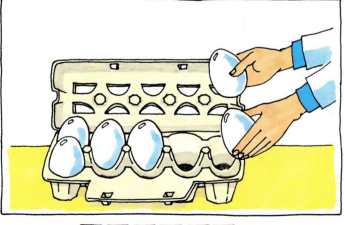

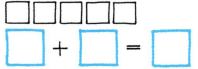
☐ + ☐ = ☐

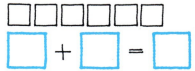
☐ + ☐ = ☐

Plus-Situationen spielen / erzählen / ausmalen / zusammenzählen

❶

☐ + ☐ = ☐

☐ + ☐ = ☐

☐ + ☐ = ☐

☐ + ☐ = ☐

☐ + ☐ = ☐

☐ + ☐ = ☐

❷

☐ + ☐ = ☐   ☐ + ☐ = ☐   ☐ + ☐ = ☐

☐ + ☐ = ☐   ☐ + ☐ = ☐   ☐ + ☐ = ☐

❸
4 + 2 = 6   2 + 2 = 4   1 + 4 = 5
☐☐☐☐☐☐   ☐☐☐☐   ☐☐☐☐☐

3 + 2 = 5   1 + 2 = 3   3 + 3 = 6
☐☐☐☐☐   ☐☐☐   ☐☐☐☐☐☐

❹
☐☐☐☐☐   ☐☐☐☐   ☐☐☐☐☐☐
2 + 3 = ☐   1 + 3 = ☐   4 + 2 = ☐
☐☐☐☐   ☐☐☐☐☐   ☐☐☐☐☐☐
3 + 1 = ☐   3 + 2 = ☐   3 + 3 = ☐

Übungen zum Zusammenzählen

❶  Erzähle Rechengeschichten.

1 + 2 = ☐   2 + 2 = ☐
3 + 3 = ☐   2 + 4 = ☐
3 + 1 = ☐   5 + 1 = ☐   3 + 2 = ☐

❷

1 + 1 = ☐   2 + 1 = ☐   4 + 1 = ☐
3 + 1 = ☐   2 + 2 = ☐   1 + 3 = ☐
3 + 3 = ☐   4 + 2 = ☐   1 + 5 = ☐
2 + 2 = ☐   4 + 1 = ☐   2 + 4 = ☐
1 + 2 = ☐   2 + 3 = ☐   1 + 4 = ☐

 Tauschaufgaben

2 + 3 = ☐   3 + 2 = ☐

❸
2 + 1 = ☐   4 + 2 = ☐   4 + 1 = ☐
1 + 2 = ☐   2 + 4 = ☐   1 + 4 = ☐

❹
1 + 3 = ☐   2 + 1 = ☐   1 + 5 = ☐
☐ + ☐ = ☐   ☐ + ☐ = ☐   ☐ + ☐ = ☐

Rechengeschichten erzählen / zusammenzählen / Tauschaufgaben suchen

3 + □ = 5

❶

2 + □ = 3   4 + □ = 6   1 + □ = 5
■■□   □□□□□□   □□□□□

2 + □ = 5   3 + □ = 6   2 + □ = 4
□□□□□   □□□   □□□□

❷

1 + □ = 4   3 + □ = 4   2 + □ = 5
2 + □ = 3   1 + □ = 5   4 + □ = 5
5 + □ = 6   2 + □ = 4   3 + □ = 5
4 + □ = 5   2 + □ = 6   1 + □ = 6

❸ Schreibe in dein Heft.

3 + □ = 4   1 + □ = 2   4 + □ = 5   2 + □ = 6
2 + □ = 5   3 + □ = 4   1 + □ = 3   1 + □ = 6
4 + □ = 6   5 + □ = 6   3 + □ = 5   5 + □ = 6

❹ Erfinde Aufgaben.

□ + □ = 6   □ + □ = 6   □ + □ = 6   □ + □ = 6
□ + □ = 4   □ + □ = 3   □ + □ = 5   □ + □ = 2

28   Übungen zum Ergänzen / Situation nachspielen / mit Plättchen legen

☐ + 2 = 5

❶
☐ + 2 = 4   ☐ + 2 = 6   ☐ + 2 = 3

☐ + 1 = 5   ☐ + 3 = 4   ☐ + 3 = 5

❷
☐ + 3 = 4   ☐ + 4 = 5   ☐ + 2 = 5
☐ + 1 = 6   ☐ + 1 = 2   ☐ + 3 = 6
☐ + 2 = 6   ☐ + 1 = 4   ☐ + 4 = 6
☐ + 4 = 5   ☐ + 2 = 6   ☐ + 1 = 5

❸ Schreibe in dein Heft.
☐ + 2 = 5   ☐ + 3 = 6   ☐ + 2 = 4   ☐ + 3 = 4
☐ + 4 = 6   ☐ + 5 = 6   ☐ + 1 = 5   ☐ + 5 = 6
☐ + 1 = 3   ☐ + 1 = 6   ☐ + 2 = 3   ☐ + 4 = 5

❹ Schreibe in dein Heft.
1 + 3 = ☐   2 + ☐ = 4   ☐ + 1 = 5   1 + 5 = ☐
2 + 4 = ☐   2 + ☐ = 5   ☐ + 2 = 5   2 + 4 = ☐
5 + 1 = ☐   1 + ☐ = 6   ☐ + 1 = 4   3 + 3 = ☐

Übungen zum Ergänzen / Situation nachspielen / mit Plättchen legen

  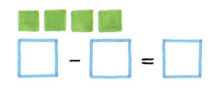

  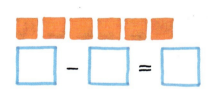

6 − 2 = ☐   5 − 2 = ☐   3 − 1 = ☐

4 − 3 = ☐   6 − 4 = ☐   3 − 2 = ☐

☐ − ☐ = ☐   ☐ − ☐ = ☐   ☐ − ☐ = ☐

erzählen / nachlegen / abstreichen / Minus-Aufgaben aufschreiben

❶

☐ − ☐ = ☐   ☐ − ☐ = ☐   ☐ − ☐ = ☐

☐ − ☐ = ☐   ☐ − ☐ = ☐   ☐ − ☐ = ☐

❷ Erzähle Rechengeschichten.

5 − 2 = ☐   6 − 5 = ☐
3 − 1 = ☐   5 − 3 = ☐
6 − 4 = ☐   4 − 3 = ☐

❸ 6 − 1 = ☐   6 − 2 = ☐   6 − 3 = ☐
   5 − 1 = ☐   4 − 2 = ☐   2 − 1 = ☐

❹ 5 − 4 = ☐   3 − 2 = ☐   2 − 1 = ☐
   6 − 5 = ☐   6 − 4 = ☐   6 − 1 = ☐

❺ 6 − 2 = ☐   3 − 2 = ☐   5 − 1 = ☐
   4 − 1 = ☐   6 − 3 = ☐   3 − 1 = ☐

❻ 3 − 1 = ☐   6 − 2 = ☐   2 − 1 = ☐   5 − 3 = ☐
   5 − 2 = ☐   5 − 4 = ☐   4 − 2 = ☐   4 − 1 = ☐
   4 − 3 = ☐   3 − 2 = ☐   5 − 4 = ☐   6 − 4 = ☐

   6 − 1 = ☐   6 − 4 = ☐   5 − 2 = ☐   4 − 1 = ☐
   6 − 2 = ☐   6 − 5 = ☐   5 − 3 = ☐   4 − 2 = ☐
   6 − 3 = ☐   5 − 1 = ☐   5 − 4 = ☐   4 − 3 = ☐

abziehen / Rechengeschichten erzählen

$$3 - \square = 1$$

❶

$4 - \boxed{1} = 3$ $6 - \square = 4$ $5 - \square = 2$

$3 - \square = 2$ $5 - \square = 1$ $6 - \square = 3$

$$\square - 2 = 4$$

❷

$\square - 3 = 2$ $\square - 1 = 3$ $\square - 2 = 2$

❸

$\square - 1 = 3$ $\square - 5 = 1$ $\square - 4 = 2$

$\square - 1 = 4$ $\square - 3 = 1$ $\square - 1 = 1$

Übungen zum Abziehen / Platzhalter in der Mitte und am Anfang / Situationen nachspielen / mit Plättchen legen

❶

2 + ☐ = 5   5 − ☐ = 2

❷ ☐ + ☐ = ☐   ☐ − ☐ = ☐

☐ + ☐ = ☐   ☐ − ☐ = ☐

❸ 1 + 3 = ☐   4 − 3 = 1
3 + 2 = ☐   ☐ − 2 = 3
5 + 1 = ☐   ☐ − 1 = 5

❹ 4 + 2 = ☐   6 − 2 = ☐
2 + 3 = ☐   ☐ − 3 = ☐
1 + 4 = ☐   ☐ − 4 = ☐

❺ Schreibe in dein Heft.

2 + 1 = ☐   3 − 1 = ☐   3 + 3 = ☐   ☐ − 3 = ☐
3 + 2 = ☐   ☐ − 2 = ☐   2 + 4 = ☐   ☐ − 4 = ☐
1 + 4 = ☐   ☐ − 4 = ☐   5 + 1 = ☐   ☐ − 1 = ☐

34 zusammenzählen oder abziehen / Umkehraufgaben / die Situation spielen / Plättchen dazulegen und wieder wegnehmen

❶

4 − ☐ = 3   3 + ☐ = 4

❷ 5 − ☐ = ☐   ☐ + ☐ = 5

6 − ☐ = ☐   ☐ + ☐ = 6

❸ 4 − 2 = ☐   ☐ + 2 = 4
3 − 1 = ☐   ☐ + 1 = 3

❹ 5 − 4 = ☐   ☐ + 4 = ☐
4 − 3 = ☐   ☐ + 3 = ☐

❺ 1 + 1 = ☐   2 + 4 = ☐   5 − 2 = ☐   6 − 4 = ☐
3 + 2 = ☐   5 + 1 = ☐   3 − 1 = ☐   4 − 3 = ☐
3 + 1 = ☐   1 + 3 = ☐   4 − 2 = ☐   2 − 1 = ☐

❻ 5 + ☐ = 6   1 + ☐ = 5   4 − ☐ = 2   3 − ☐ = 1
3 + ☐ = 5   4 + ☐ = 6   6 − ☐ = 1   5 − ☐ = 4
3 + ☐ = 4   1 + ☐ = 3   2 − ☐ = 1   6 − ☐ = 4

❼ ☐ + 1 = 4   ☐ + 2 = 4   ☐ − 2 = 3   ☐ − 4 = 1
☐ + 1 = 6   ☐ + 3 = 4   ☐ − 1 = 3   ☐ − 2 = 4
☐ + 1 = 3   ☐ + 4 = 6   ☐ − 3 = 3   ☐ − 3 = 2

abziehen oder zusammenzählen / Umkehraufgaben / Plättchen wegnehmen und wieder dazulegen / Übungen mit wechselndem Platzhalter

Die Zahlen 7 bis 10 – Einführung

erzählen / zählen / Zahlen von 1 bis 10 nennen

immer 7 zusammenfassen / mit Material 7er-Gruppierungen bilden / die Zahl 7 schreiben

immer 8 zusammenfassen / mit Material 8er-Gruppierungen bilden / die Zahl 8 schreiben

immer 9 zusammenfassen / mit Material 9er-Gruppierungen bilden / die Zahl 9 schreiben

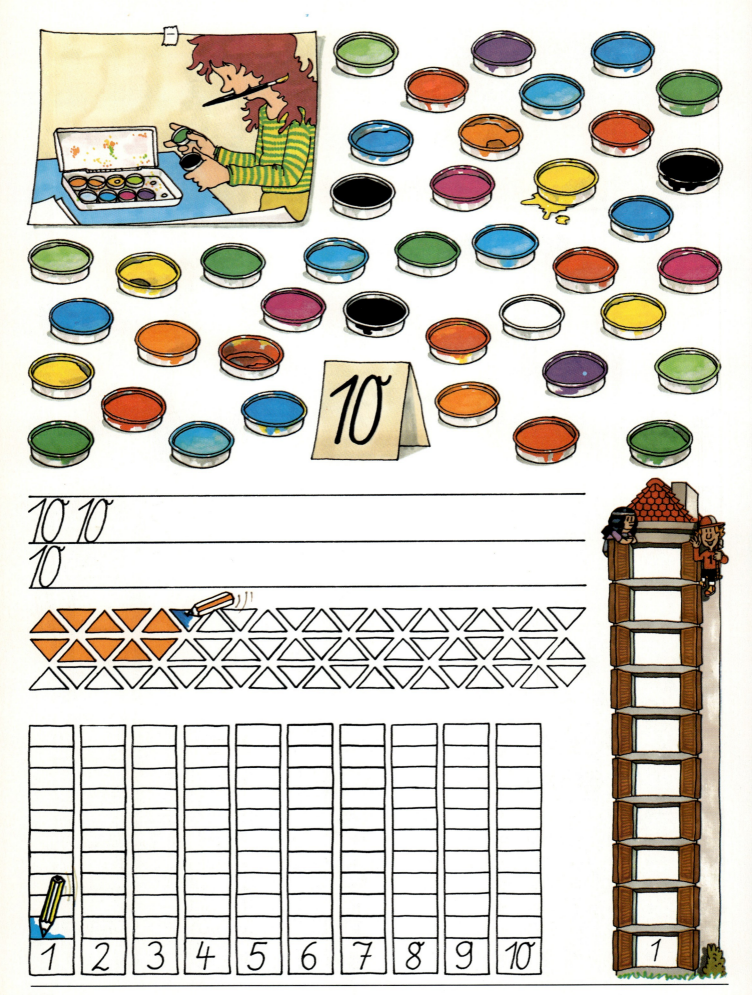

immer 10 zusammenfassen / mit Material 10er-Gruppierungen bilden / die Zahl 10 schreiben

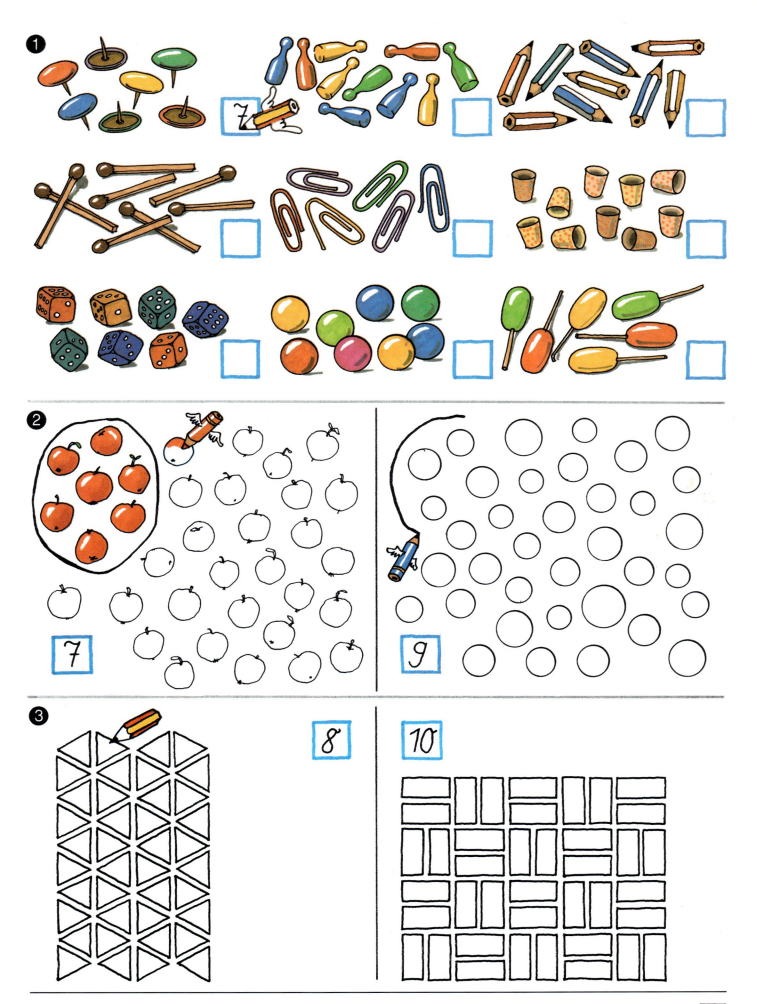

Zahlen zuordnen / Gruppierungen nach vorgegebenen Zahlen bilden / ausmalen

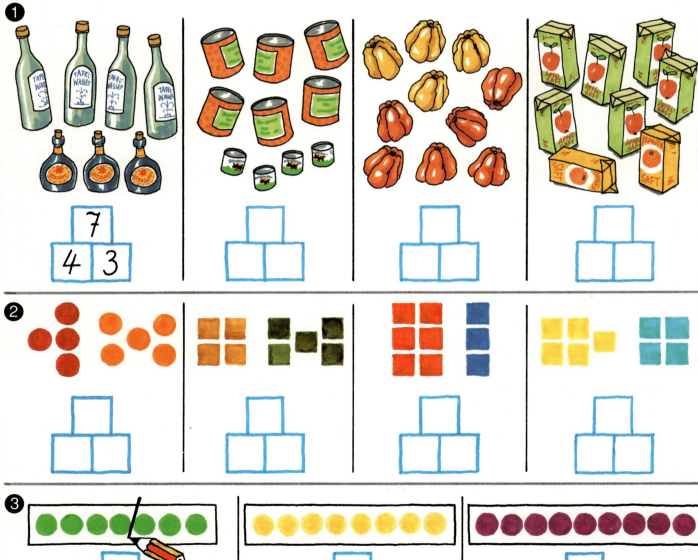

42   die Zahlen von 5 bis 10 zerlegen

❶ Male die fehlenden Plättchen.

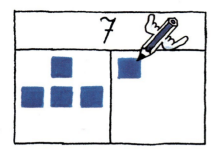 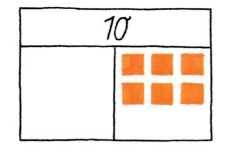 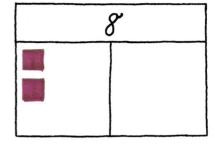

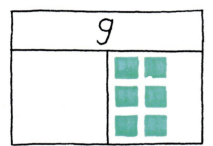 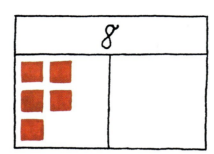

❷ Welche Zahl fehlt? Lege zuerst. Schreibe dann auf.

7	
1	
3	
	6
	5

10	
8	
3	
	7
	5

9	
7	
	1
4	
	3

6	
	5
2	
	3
	1

8	
	5
	2
4	
	1

❸ Welche Zahl fehlt? Lege. Schreibe auf.

8		
1	2	5
2	3	
4		2
	6	

10		
5	3	
	2	6
2		4
		7

7		
2	3	
3	1	
3		3
	1	2

9		
4	4	
	5	2
3		3
	1	6

die Zahlen von 5 bis 10 zerlegen

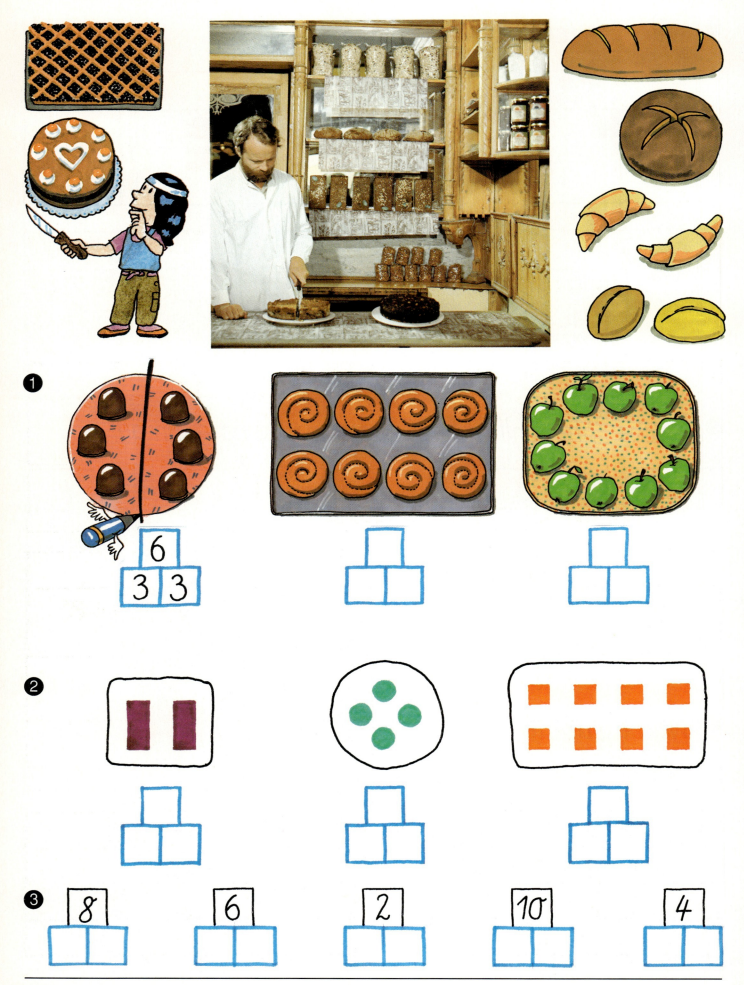

Gegenstände und Zahlen halbieren

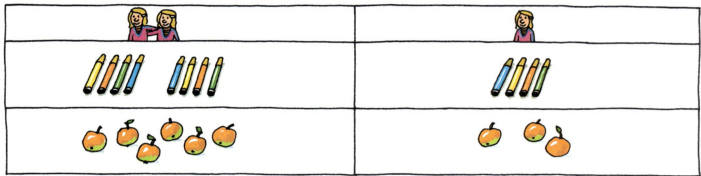

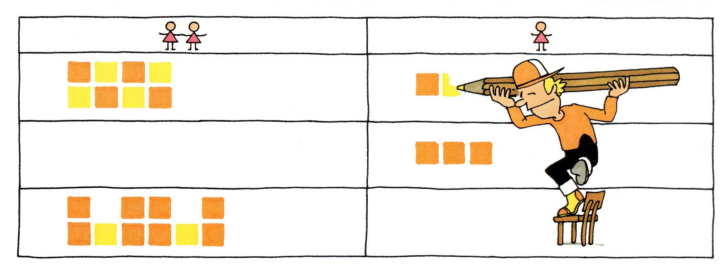

👧👧	👧
4	2
6	
	1

👧👧	👧
10	
	4
	3

halbieren / verdoppeln

Geometrie: Orte – Wege – Formen

Orte benennen (vor, hinter, zwischen, unter, über, rechts ...)

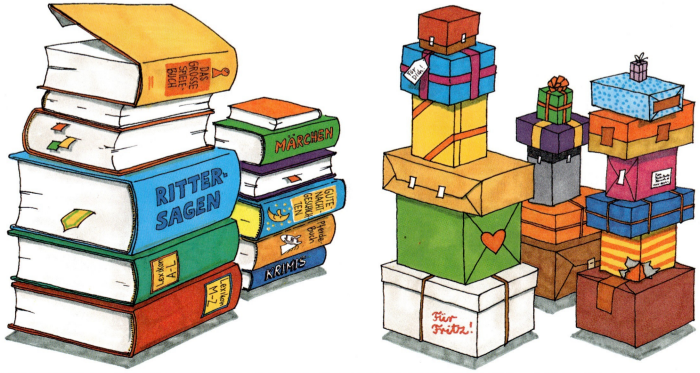

Wege beschreiben / Orte benennen

erzählen / Formen benennen / ausmalen

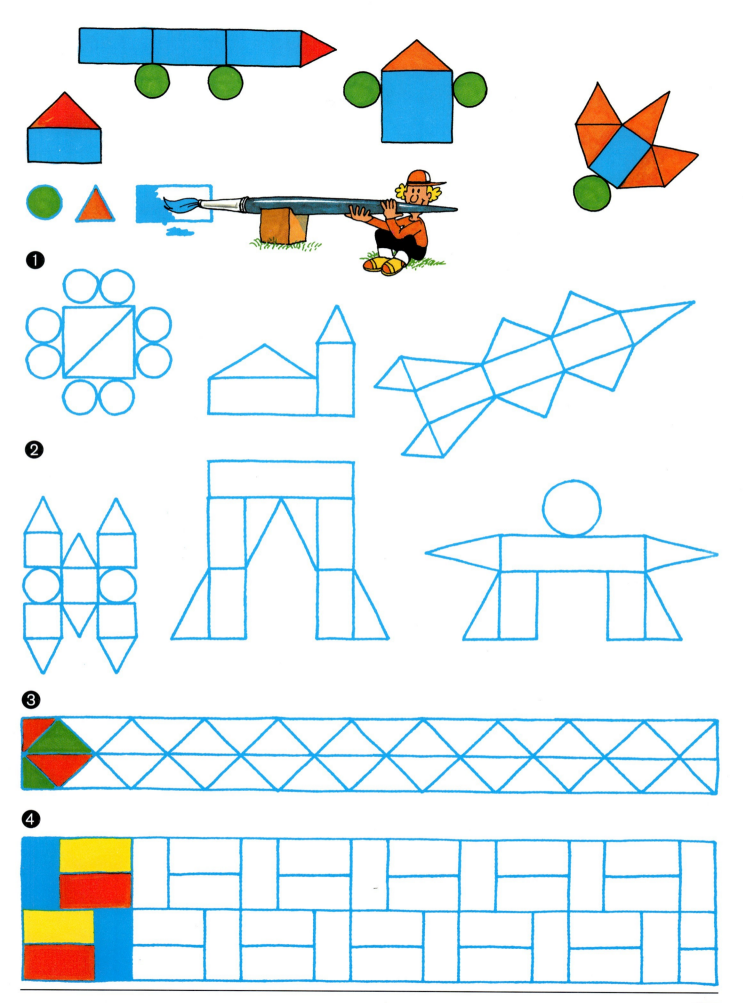

Formen legen / Formen ausmalen / Muster malen

Die Ordnung der Zahlen von 1 bis 10 – Nachbarzahlen

| □ | 2 | □ | □ | 5 | □ | □ | □ | 9 | □ |

❶

| 6 | 7 | □ | | □ | 5 | □ | | 3 | □ | □ | | □ | □ | 4 |

❷

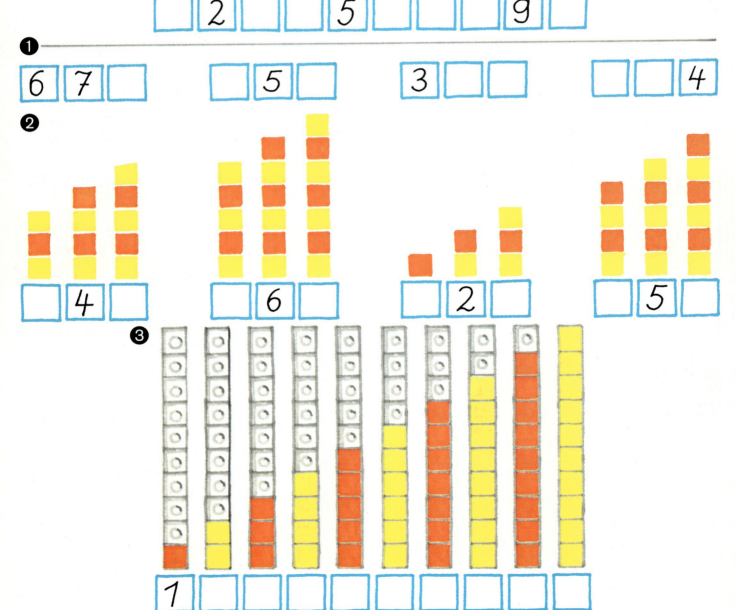

| □ | 4 | □ | | □ | 6 | □ | | □ | 2 | □ | | □ | 5 | □ |

❸

| 1 | □ | □ | □ | □ | □ | □ | □ | □ | □ |

50 Nachbarzahlen / Vorgänger und Nachfolger bestimmen

❶ ☐ < ☐   ☐ ○ ☐   ☐ ○ ☐

❷ ☐ ○ ☐   ☐ ○ ☐   ☐ ○ ☐

❸ 7 ○ 8   6 ○ 10   9 ○ 7   4 ○ 10
  5 ○ 7   8 ○ 3   6 ○ 8   7 ○ 6

❹ 6 < ☐   ☐ > 7   ☐ < 10   ☐ > 5
  8 < ☐   9 < ☐   ☐ > 6   3 < ☐

Zahlen vergleichen / ist größer als (>) / ist kleiner als (<)

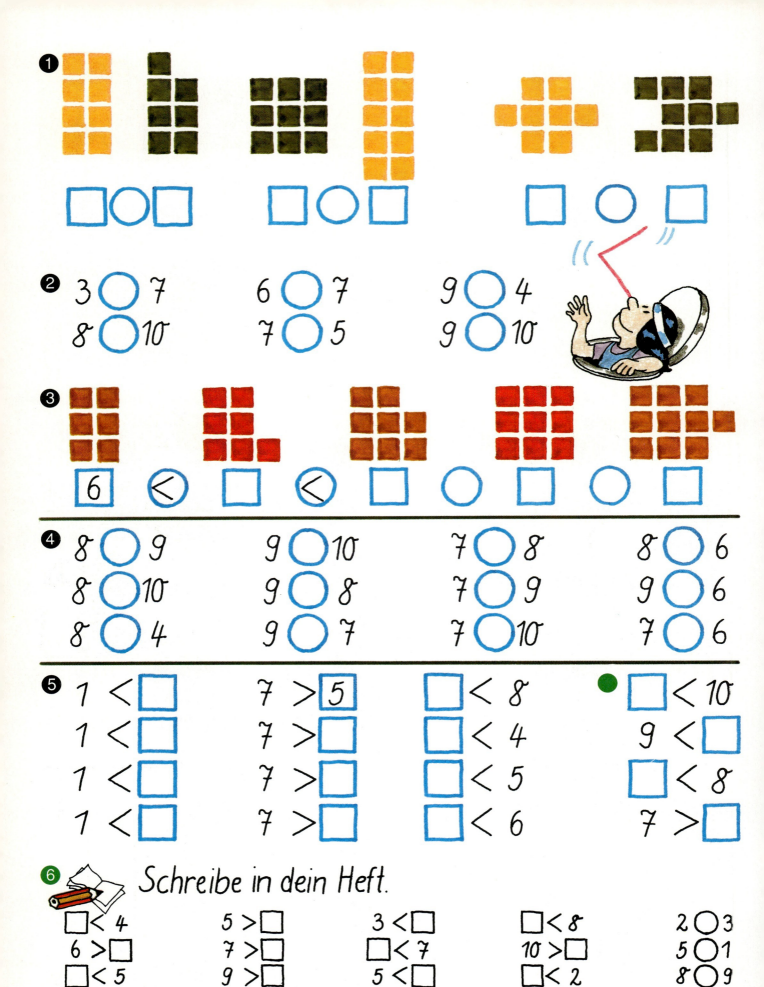

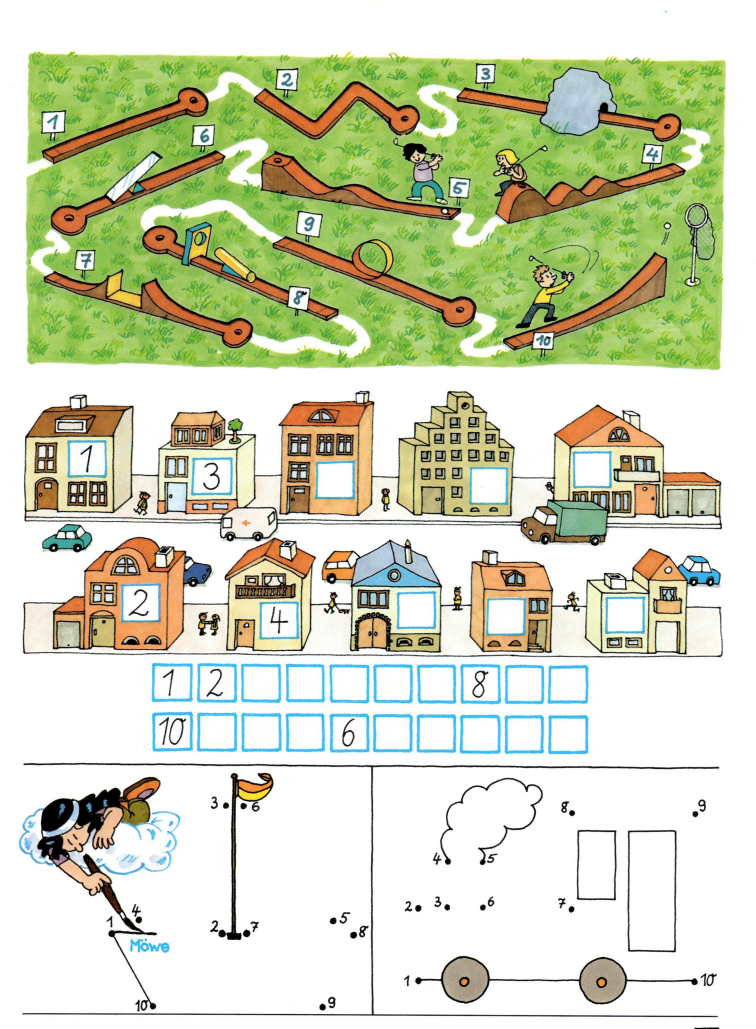

Ordnungszahlen / die Reihenfolge suchen

Zahlensätze – zusammenzählen und abziehen

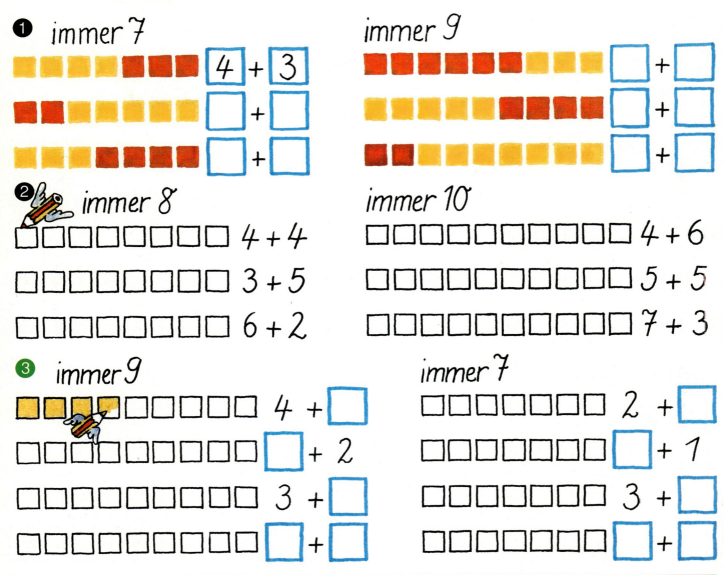

54   Zahlen unterschiedlich zerlegen / Plus-Aufgaben mit gleichen Ergebnissen

10 – 4   ☐ – ☐   ☐ – ☐

❷ Immer 3 bleiben übrig.

☐ – ☐   ☐ – ☐   ☐ – ☐

☐ – ☐   ☐ – ☐   ☐ – ☐

❸ Immer 4 bleiben übrig.

6 – ☐    8 – ☐   5 – ☐

9 – ☐   5 – ☐   10 – ☐

❹ | 8 – 3 | 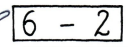 | 6 – 2 | | 7 – 5 | | 6 – 2 |
   ⑤ | 7 – 2 | ④ | 8 – 4 |
| 10 – 5 | | 4 – 3 | | 7 – 3 | | 9 – 4 |

Situationen spielen / nachlegen / Minus-Aufgaben mit gleichen Ergebnissen   55

Schwierige Zahlensätze

3 + □ = 1 + □

□ + □ = □ + □   □ + □ = □ + □

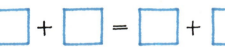 

□ + □ = □ + □

□ − □ = □ − □

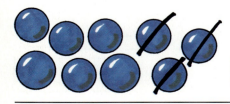 

□ − □ = □ − □

□ − □ = □ − □

56   Aufgaben mit gleichen Ergebnissen bilden

☐ + ☐ = ☐ + ☐

❶ immer 7
☐ + 2 = ☐ + 4
4 + ☐ = 1 + ☐

☐ + 3 = ☐ + 1
6 + ☐ = 5 + ☐

❷ immer 10
☐ + 3 = ☐ + 5
6 + ☐ = 1 + ☐

☐ + 8 = ☐ + 4
2 + ☐ = 7 + ☐

❸ immer 9
☐ + 1 = ☐ + 6
4 + ☐ = 2 + ☐

☐ + 3 = ☐ + 5
7 + ☐ = 8 + ☐

☐ − ☐ = ☐ − ☐

❹ immer 4
5 − ☐ = 7 − ☐
☐ − 2 = ☐ − 4

10 − ☐ = 9 − ☐
☐ − 1 = ☐ − 3

❺ immer 2
7 − ☐ = 3 − ☐
☐ − 6 = ☐ − 8

5 − ☐ = 4 − ☐
☐ − 4 = ☐ − 1

❻ immer 5
10 − ☐ = 7 − ☐
☐ − 3 = ☐ − 1

6 − ☐ = 9 − ☐
☐ − 2 = ☐ − 5

Plus- und Minus-Zahlensätze gleichmachen

Die Zahl 0 – zusammenzählen und abziehen

58   die Zahl 0

❶

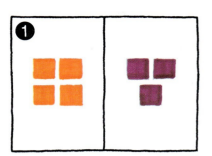

4 + 3 = ☐   5 + ☐ = ☐   ☐ + 0 = ☐

4 − 0 = ☐   5 − 0 = ☐   6 − 0 = ☐

❷

4 + 5 = ☐   8 − 1 = ☐   10 − ☐ = 3
7 + 0 = ☐   10 − 0 = ☐   8 + ☐ = 8
1 + 8 = ☐   9 − 4 = ☐   ☐ − 7 = 1
5 + 5 = ☐   6 − 0 = ☐   ☐ + 5 = 9

❸

0 < 4   0 ○ 5   2 ○ 0   9 ○ 3
5   3 ○ 4   5 ○ 1   1 ○ 0
         0 ○ 7   2 ○ 8   3 ○ 0
         8 ○ 2   0 ○ 10   0 ○ 6

❹

4 − 1 = ☐   6 − 3 = ☐   5 − 5 = ☐
4 − 2 = ☐   6 − 4 = ☐   8 − 8 = ☐
4 − 3 = ☐   6 − 5 = ☐   3 − 3 = ☐
4 − 4 = ☐   6 − 6 = ☐   1 − 1 = ☐

rechnen mit 0 (Plus- und Minus-Aufgaben)

❶

4 + ☐ = 7   7 − ☐ = 4

❷

5 + 3 = ☐   4 − 1 = ☐   2 + ☐ = ☐
☐ − ☐ = 5   ☐ + ☐ = 4   ☐ − ☐ = 2

Schreibe zu jeder Aufgabe die Umkehraufgabe. Lege zuerst Plättchen.

❸ 2 + 6 = ☐   7 + 2 = ☐   5 + 5 = ☐
☐ − ☐ = ☐   ☐ − ☐ = ☐   ☐ − ☐ = ☐

8 − 3 = ☐   10 − 0 = ☐   9 − 4 = ☐
☐ + ☐ = ☐   ☐ + ☐ = ☐   ☐ + ☐ = ☐

9 + 0 = ☐   7 − 6 = ☐   0 + 6 = ☐
☐ − ☐ = ☐   ☐ + ☐ = ☐   ☐ − ☐ = ☐

zusammenzählen und abziehen / Umkehraufgaben

❶ 7 − 4 = ☐   9 − 5 = ☐   8 − 4 = ☐
   ☐ + 4 = 7   ☐ + 5 = 9   ☐ + 4 = 8

❷ 9 − 3 = ☐   7 − 5 = ☐   8 − 8 = ☐
   ☐ + 3 = ☐   ☐ + 5 = ☐   ☐ + 8 = ☐

❸ Schreibe Aufgabe und Umkehraufgabe in dein Heft. Rechne.

4 + 6 = ☐   5 − 3 = ☐   1 + 7 = ☐   9 − 4 = ☐
3 + 4 = ☐   2 − 0 = ☐   4 + 2 = ☐   6 − 0 = ☐
6 + 2 = ☐   8 − 5 = ☐   5 + 4 = ☐   10 − 7 = ☐
7 + 0 = ☐   10 − 2 = ☐   3 + 0 = ☐   5 − 1 = ☐
4 + 4 = ☐   6 − 3 = ☐   7 + 3 = ☐   8 − 7 = ☐

❹ 4 + 6 = ☐   10 − 6 = ☐   4 + 5 = ☐
   3 + 7 = ☐   9 − 5 = ☐   3 + 6 = ☐
   2 + 8 = ☐   8 − 4 = ☐   2 + 7 = ☐

❺ ☐ + 4 = 8   4 + ☐ = 7   10 − ☐ = 6
   ☐ + 6 = 10   9 + ☐ = 9   10 − ☐ = 4
   ☐ + 7 = 7   8 + ☐ = 10   10 − ☐ = 9

❻ Rechne im Heft.

3 + 6 = ☐   4 + ☐ = 4   8 − 6 = ☐   7 − ☐ = 3
2 + 7 = ☐   6 + ☐ = 8   6 − 4 = ☐   5 − ☐ = 1
5 + 3 = ☐   ☐ + 3 = 5   9 − 2 = ☐   ☐ − 0 = 6
4 + 6 = ☐   ☐ + 2 = 4   10 − 6 = ☐   ☐ − 3 = 5

zusammenzählen und abziehen

Einkaufen und verkaufen – Geld – DM, Pf

Nina kauft Spielsachen. Sie gibt 5 DM aus.
Was würdest du für 5 DM kaufen?

Hefte die Preisschilder wieder an. Zeichne.
Schreibe die richtigen Zahlen in die Münzen.

❶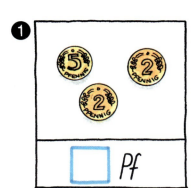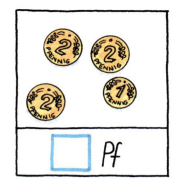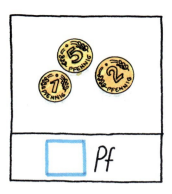

❷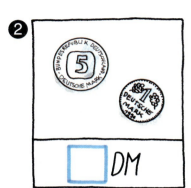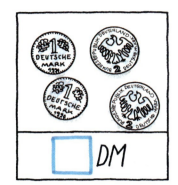

❸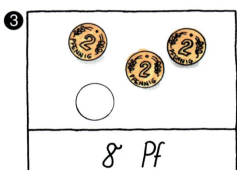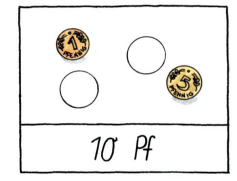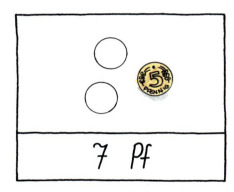

❹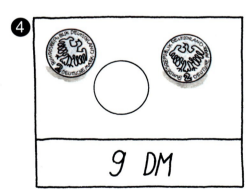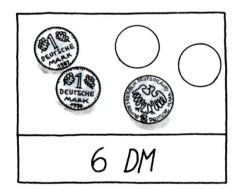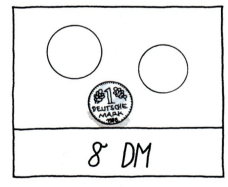

❺ 2 Pf + 2 Pf + 2 Pf + 1 Pf = ☐ Pf

5 Pf + 2 Pf + 1 Pf = ☐ Pf

2 Pf + 1 Pf + 1 Pf + 5 Pf = ☐ Pf

1 Pf + 2 Pf + 1 Pf + 1 Pf + 5 Pf = ☐ Pf

legen / Geld zählen / Münzbeträge zusammenzählen

1 Lege die Flohmarkt-Preise mit deinem Spielgeld nach.
Es gibt mehrere Möglichkeiten.
Was bekommst du auf dem Flohmarkt für 5 DM?
Was bekommst du für 7 DM?

2 Wie hoch sind die Preise, wenn du im Geschäft kaufst? Vergleiche.

3 ☐ 3 Pf + ☐ Pf = ☐ Pf

4 ☐ Pf − ☐ Pf = ☐ Pf

☐ DM + ☐ DM = ☐ DM

☐ DM + ☐ DM = ☐ DM

☐ DM − ☐ DM = ☐ DM

☐ DM − ☐ DM = ☐ DM

einkaufen und verkaufen / mit Geld rechnen

❶

☐ DM + ☐ DM + ☐ DM = ☐ DM   ☐ DM + ☐ DM + ☐ DM = ☐ DM

❷
6 DM + 2 DM = ☐ DM   2 DM + 8 DM = ☐ DM
3 DM + 5 DM = ☐ DM   3 DM + 6 DM = ☐ DM
4 DM + 5 DM = ☐ DM   4 DM + 1 DM = ☐ DM

❸
8 DM − 3 DM = ☐ DM   6 DM − 2 DM = ☐ DM
9 DM − 4 DM = ☐ DM   10 DM − 2 DM = ☐ DM
10 DM − 5 DM = ☐ DM   8 DM − 4 DM = ☐ DM

❹

8 DM   9 Pf

8 DM = 5 DM + 2 DM + 1 DM   9 Pf = 5 Pf + 2 Pf + 1 Pf + 1 Pf

Lege mit Münzen. Rechne.

6 DM = ☐ DM + ☐ DM   4 Pf = ☐ Pf + ☐ Pf
10 DM = ☐ DM + ☐ DM   7 Pf = ☐ Pf + ☐ Pf + ☐ Pf
8 DM = ☐ DM + ☐ DM + ☐ DM   9 Pf = ☐ Pf + ☐ Pf + ☐ Pf
5 DM = ☐ DM + ☐ DM   3 Pf = ☐ Pf + ☐ Pf
9 DM = ☐ DM + ☐ DM + ☐ DM   8 Pf = ☐ Pf + ☐ Pf + ☐ Pf

Geldbeträge legen / zusammenzählen, abziehen / zerlegen

Zahlenband – Rechenpfeile

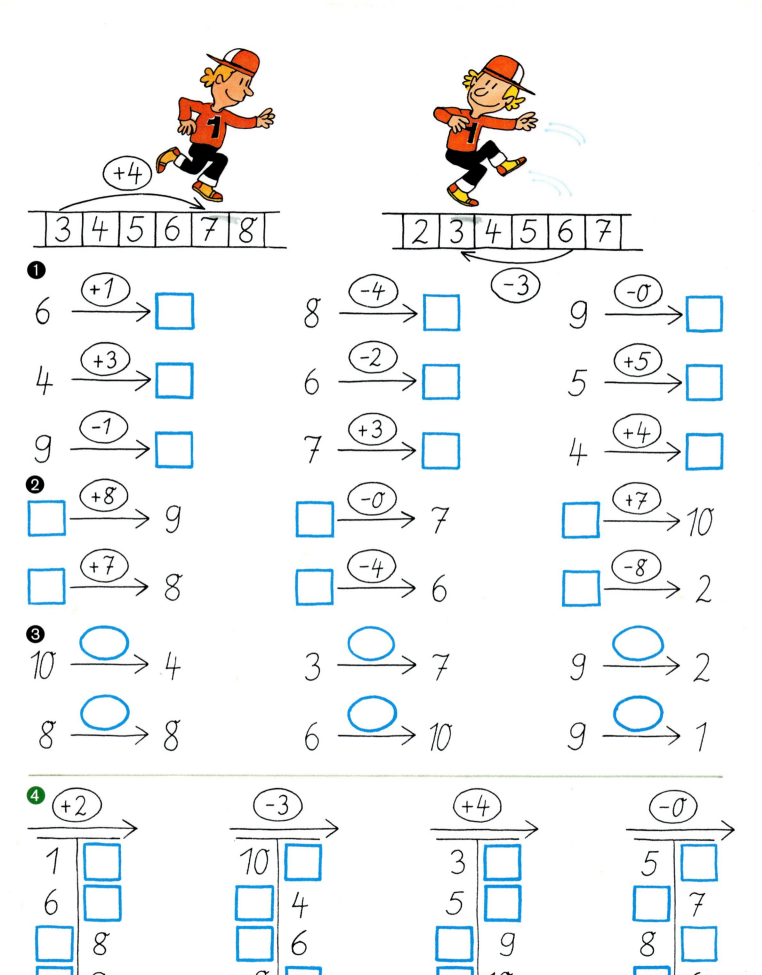

❶

☐ →(+3)→ 10
☐ →(-6)→ 3
7 →(○)→ 0
5 →(○)→ 9
8 →(○)→ 1

☐ - 8 = 2
6 - ☐ = 0
☐ + 4 = 6
☐ - 5 = 3
3 + ☐ = 9

❷

8 →(-2)→ ☐ →(-3)→ ☐
4 →(+0)→ ☐ →(+3)→ ☐
7 →(-2)→ ☐ →(+4)→ ☐

2 →(+5)→ ☐ →(+2)→ ☐
9 →(-4)→ ☐ →(-0)→ ☐
4 →(+1)→ ☐ →(-3)→ ☐

❸

2 + 3 + 4 = ☐
4 + 1 + 1 = ☐
5 + 2 + 3 = ☐
3 + 4 + 2 = ☐

4 + 5 - 3 = ☐
3 - 2 + 7 = ☐

10 - 2 - 4 = ☐
8 - 1 - 5 = ☐
9 - 4 - 3 = ☐
7 - 6 - 1 = ☐

2 + 6 - 4 = ☐
8 - 7 + 5 = ☐

Übungen zum Zusammenzählen und Abziehen

Rechenmichel

Zahlen- und Rechenspiel mit zwei Würfeln. Es spielen immer zwei oder mehr Kinder. Jedes Kind hat 20 (30) Plättchen. Bei jedem Wurf werden die Augen der beiden Würfel zusammengezählt. Auf das entsprechende Zahlenfeld legt der Spieler ein Plättchen. Liegt schon ein Plättchen darauf, darf er es stattdessen wegnehmen. Besondere Zahlen: Bei 7 muß immer ein Plättchen abgelegt werden, auch wenn auf dem Feld schon eins liegt. Wer eine 2 würfelt, muß auf jedes Feld ein Plättchen legen. Bei einer 12 darf der Spieler die Plättchen aller Felder wegnehmen. Wer keine Plättchen mehr hat, scheidet aus. Sieger ist, wer nach 5 oder 7 oder 10 Runden die meisten Plättchen hat.

Die Zahlen bis 20

Hier kannst du zählen.
Wie viele Spielkarten, Spielpuppen, ... sind es?

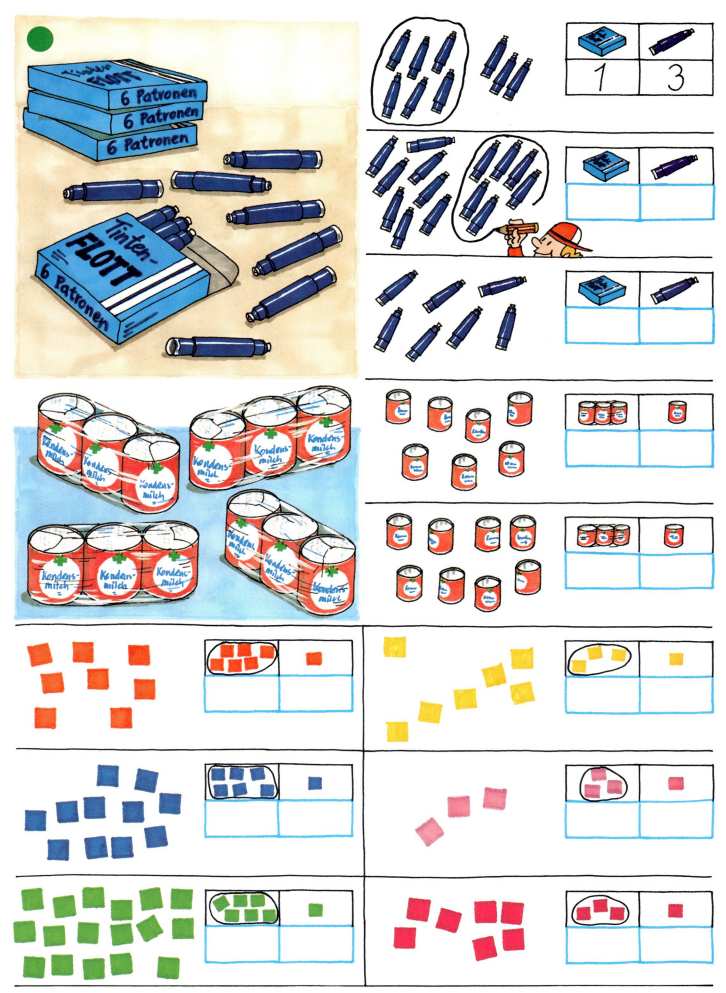

zusammenfassen

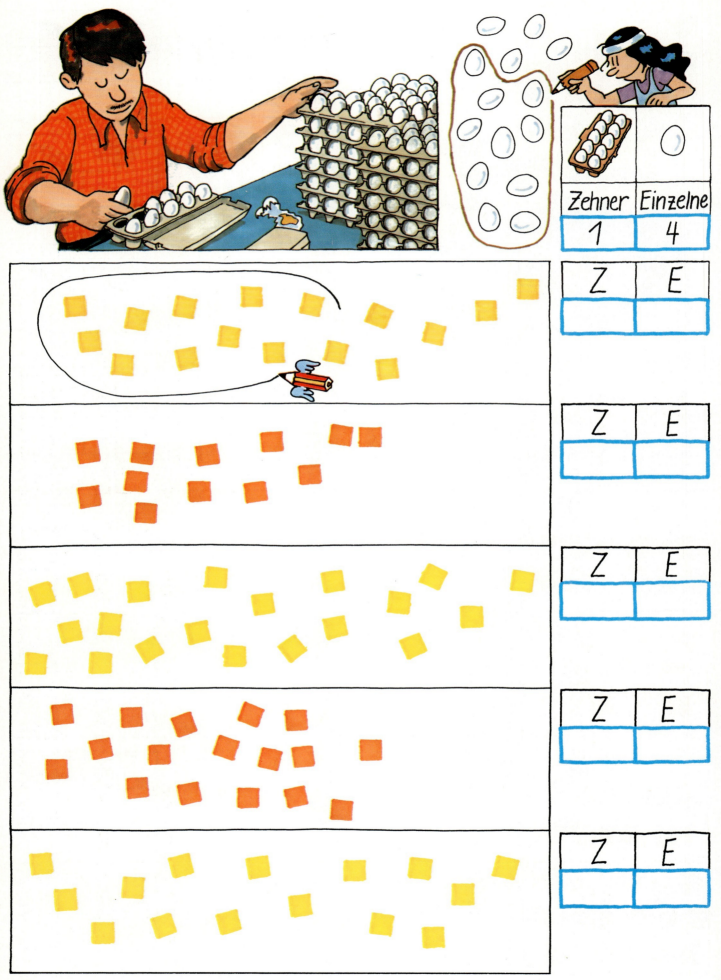

zusammenfassen zu 10 / Zehner (Z), Einzelne (E)

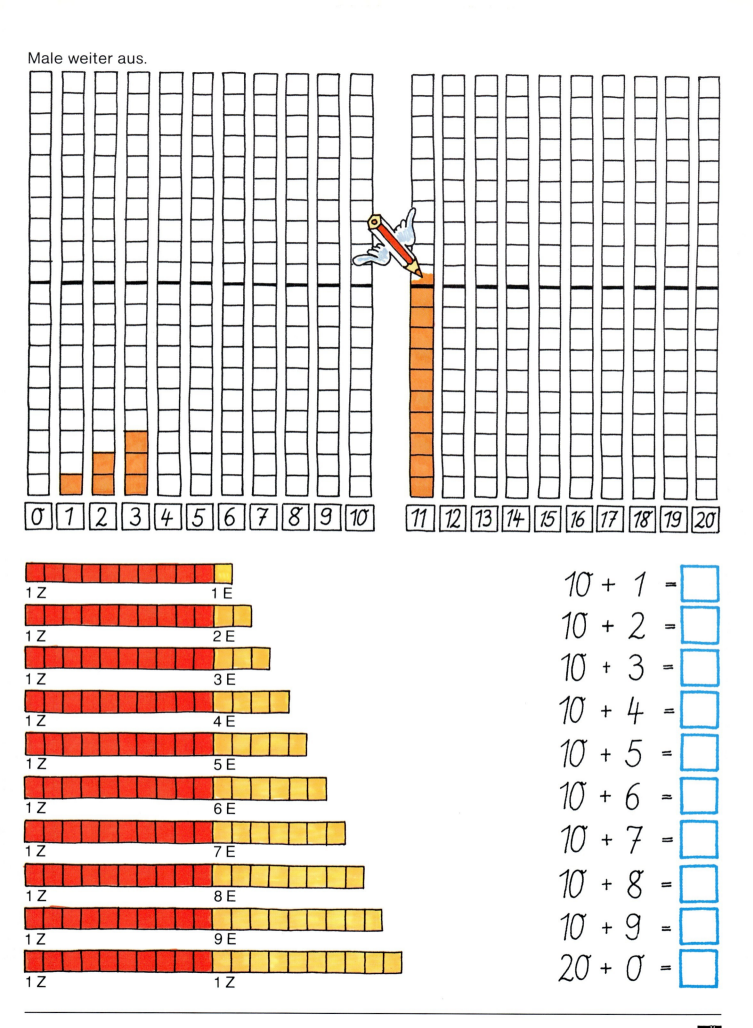

❶

Z	E
1	3

10 + 3 = ☐

Z	E
1	5

☐ + ☐ = ☐

Z	E
1	9

☐ + ☐ = ☐

Z	E
1	0

☐ + ☐ = ☐

Z	E
1	7

☐ + ☐ = ☐

Z	E
1	8

☐ + ☐ = ☐

Z	E
1	1

☐ + ☐ = ☐

Z	E
1	2

☐ + ☐ = ☐

Z	E
1	4

☐ + ☐ = ☐

Z	E
1	6

☐ + ☐ = ☐

❷

20 = 10 + ☐   19 = 10 + ☐   10 = 12 − ☐
18 = 10 + ☐   16 = 10 + ☐   10 = 16 − ☐
13 = 10 + ☐   11 = 10 + ☐   10 = 18 − ☐
15 = 10 + ☐   17 = 10 + ☐   10 = 13 − ☐
12 = 10 + ☐   14 = 10 + ☐   10 = 17 − ☐

❸ Rechne in deinem Heft.

10 + 2 = ☐   10 + 7 = ☐   13 − 3 = ☐   15 − 5 = ☐
10 + 8 = ☐   10 + 3 = ☐   17 − 7 = ☐   18 − 8 = ☐
10 + 1 = ☐   10 + 9 = ☐   11 − 1 = ☐   12 − 2 = ☐
10 + 5 = ☐   10 + 4 = ☐   19 − 9 = ☐   10 − 0 = ☐
10 + 10 = ☐   10 + 6 = ☐   16 − 6 = ☐   14 − 4 = ☐

mit den Zahlen 10 bis 20 rechnen

Zahlenreihen bilden

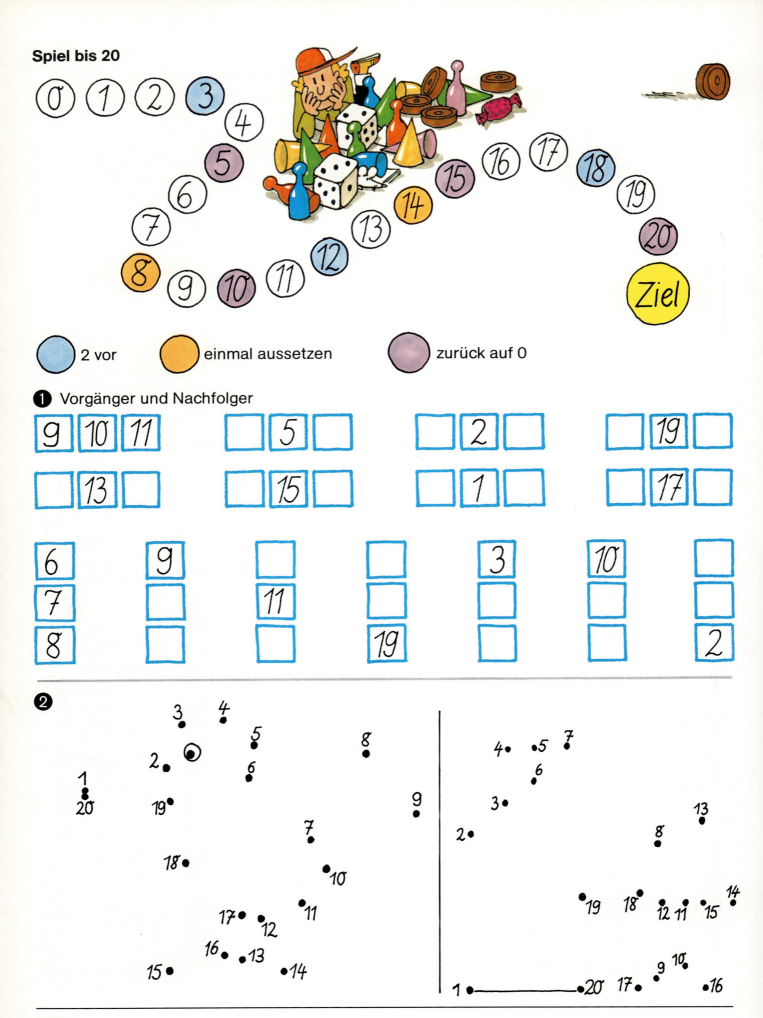

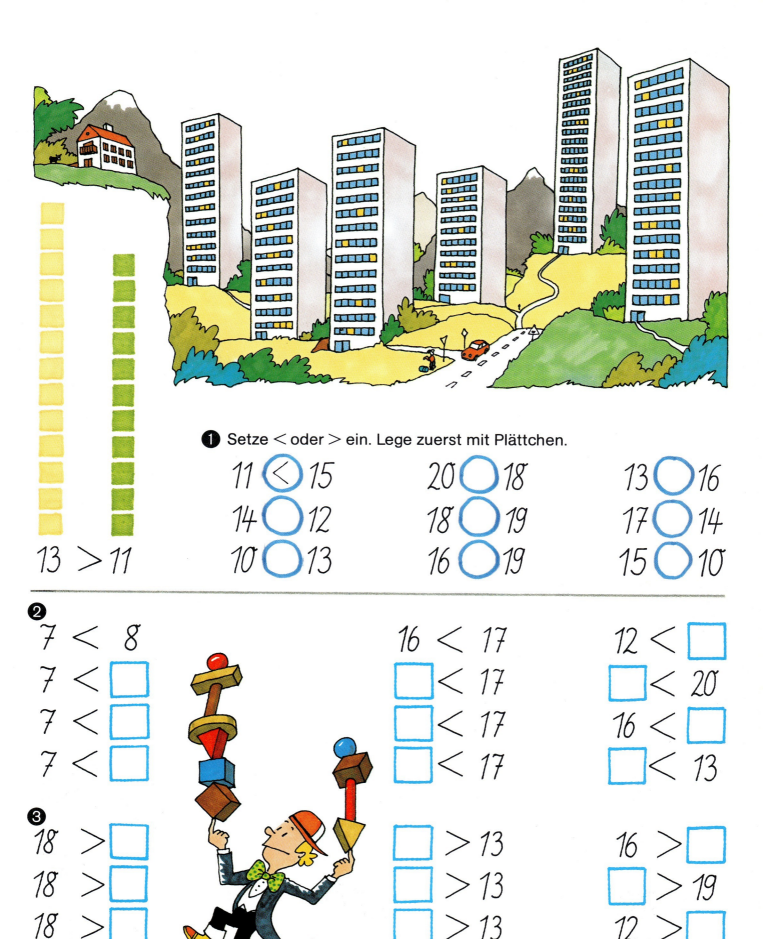

② Trage die Zahlen ein.

in Zweierschritten zählen

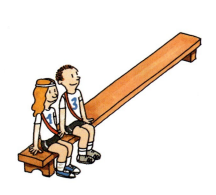  

| 1 | 2 | 3 | 4 | 5 | 6 | 7 | 8 | 9 | 10 | 11 | 12 | 13 | 14 | 15 | 16 | 17 | 18 | 19 | 20 |

❶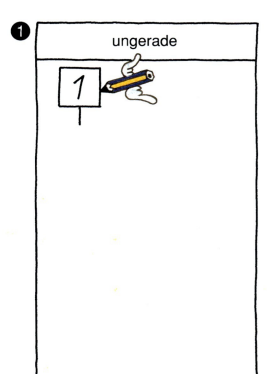

ungerade — gerade

❷

gerade Zahlen	ungerade Zahlen	gerade Zahlen	ungerade Zahlen
17 16 4 13 18 10	5 19 1 12 4 13	20 15 6 2 16 11	7 12 9 3 17 14

gerade und ungerade Zahlen

❶
1 + 1 = ☐
2 + 2 = ☐
3 + 3 = ☐
4 + 4 = ☐
5 + 5 = ☐
6 + 6 = ☐
7 + 7 = ☐
8 + 8 = ☐
9 + 9 = ☐
10 + 10 = ☐

❷
6 = ☐ + ☐
20 = ☐ + ☐
2 = ☐ + ☐
16 = ☐ + ☐
4 = ☐ + ☐
10 = ☐ + ☐
8 = ☐ + ☐
18 = ☐ + ☐
12 = ☐ + ☐
14 = ☐ + ☐

❸
4 + ☐ = 8
8 + ☐ = 16
☐ + 1 = 2
5 + 5 = ☐
☐ + 10 = 20
9 + 9 = ☐
2 + ☐ = 4
7 + ☐ = 14
☐ + 3 = 6
6 + ☐ = 12

❹
einzelne	2			10		7	3	4	8
doppelt so viele		12	18	10		2			

80 verdoppeln und halbieren

1 Verdopple oder halbiere.

4	8
6	
7	
3	

10	5
14	
16	
20	

14	
	8
	9
12	

10	
	14
	18
5	

2
3 + 3 = ☐   6 + 6 = ☐   4 + 4 = ☐
3 + 4 = ☐   6 + 7 = ☐   4 + 5 = ☐

7 + 7 = ☐   9 + 9 = ☐   5 + 5 = ☐
7 + 8 = ☐   9 + 10 = ☐   5 + 6 = ☐

3
8 + 8 = ☐   10 + 10 = ☐   6 + 6 = ☐
8 + 7 = ☐   10 + 9 = ☐   6 + 5 = ☐

5 + 5 = ☐   9 + 9 = ☐   7 + 7 = ☐
5 + 4 = ☐   9 + 8 = ☐   7 + 6 = ☐

4
7 + 8 = ☐   8 + 9 = ☐   6 + 7 = ☐
7 + 7 = ☐   8 + 8 = ☐   6 + 6 = ☐
7 + 6 = ☐   8 + 7 = ☐   6 + 5 = ☐

5 Fahrradhändler Platte bestellt Reifen für 8 Fahrräder.
Wie viele Reifen bekommt er geliefert?
Er hat dazu 12 Schläuche. Reichen sie?

verdoppeln / halbieren / Nachbaraufgaben

1 Deine Plättchen helfen dir.

3 + 6 = ☐
13 + 6 = ☐

5 + 4 = ☐   2 + 1 = ☐   6 + 2 = ☐
15 + 4 = ☐ 12 + 1 = ☐ 16 + 2 = ☐

2

6 − 4 = ☐
16 − 4 = ☐

8 − 3 = ☐   7 − 5 = ☐   9 − 6 = ☐
18 − 3 = ☐ 17 − 5 = ☐ 19 − 6 = ☐

3 Rechne im Heft.

7 + 3 = ☐   2 + 4 = ☐   5 − 4 = ☐   8 − 0 = ☐
17 + 3 = ☐ 12 + 4 = ☐ 15 − 4 = ☐ 18 − 0 = ☐
5 + 2 = ☐   6 + 3 = ☐   9 − 6 = ☐   7 − 5 = ☐
15 + 2 = ☐ 16 + 3 = ☐ 19 − 6 = ☐ 17 − 5 = ☐

4 3 + ☐ = 7   2 + ☐ = 8   4 + ☐ = 8
     13 + ☐ = 17   12 + ☐ = 18   14 + ☐ = 18

5 9 − ☐ = 4   8 − ☐ = 3   7 − ☐ = 7
     19 − ☐ = 14   18 − ☐ = 13   17 − ☐ = 17

6 Rechne ebenfalls im Heft.

13 + 2 = ☐   14 + ☐ = 18   18 − 3 = ☐   15 − ☐ = 11
11 + 6 = ☐   12 + ☐ = 15   16 − 4 = ☐   17 − ☐ = 12
17 + 1 = ☐   16 + ☐ = 19   19 − 7 = ☐   20 − ☐ = 18
15 + 4 = ☐   13 + ☐ = 14   15 − 2 = ☐   13 − ☐ = 10

zusammenzählen und abziehen im ersten und im zweiten Zehner

12 + 3 = ☐   3 + 12 = ☐

❶
11 + 4 = ☐   14 + 5 = ☐   16 + 2 = ☐
4 + 11 = ☐   5 + 14 = ☐   2 + 16 = ☐

❷
3 + 14 = ☐   5 + 12 = ☐   6 + 13 = ☐
14 + 3 = ☐   12 + 5 = ☐   13 + 6 = ☐

❸ Rechne Aufgabe und Tauschaufgabe im Heft.

3 + 15 = ☐   2 + 16 = ☐   4 + 14 = ☐   7 + 12 = ☐
4 + 13 = ☐   3 + 12 = ☐   7 + 11 = ☐   2 + 17 = ☐
2 + 14 = ☐   4 + 15 = ☐   6 + 13 = ☐   5 + 11 = ☐

❹
17 − 4 = ☐   19 − 5 = ☐   18 − 6 = ☐
16 − 3 = ☐   15 − 4 = ☐   14 − 3 = ☐
19 − 8 = ☐   18 − 4 = ☐   16 − 5 = ☐
18 − 7 = ☐   17 − 6 = ☐   15 − 2 = ☐

❺ Rechne im Heft.

12 + ☐ = 18   15 + ☐ = 18   16 − ☐ = 12   20 − ☐ = 18
11 + ☐ = 15   14 + ☐ = 18   18 − ☐ = 17   13 − ☐ = 11
13 + ☐ = 17   17 + ☐ = 20   19 − ☐ = 14   15 − ☐ = 10
16 + ☐ = 19   13 + ☐ = 15   15 − ☐ = 11   17 − ☐ = 17

Tauschaufgaben

Zusammenzählen und abziehen bis 20

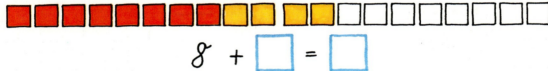

8 + ☐ = ☐

❶ Lege und male.

9 + 4 = ☐
7 + 6 = ☐
8 + 3 = ☐

❷ Lege und male.

6 + 8 = ☐
5 + 7 = ☐
9 + 8 = ☐

❸ Lege oder male zuerst.

9 + 2 = ☐   8 + 4 = ☐   9 + 5 = ☐
8 + 3 = ☐   7 + 5 = ☐   7 + 6 = ☐

❹ Julia sammelt Bilder. Sie hat schon 9 Bilder und bekommt noch 6 dazu.
Wie viele Bilder hat Julia jetzt?

zusammenzählen

❶ Male richtig aus und rechne.

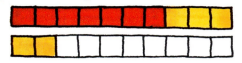

7 + 5 = ☐

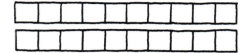

8 + 6 = ☐

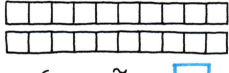

9 + 4 = ☐

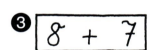

6 + 7 = ☐

❷

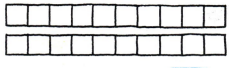

6 + 5 = ☐

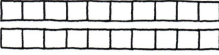

5 + 8 = ☐

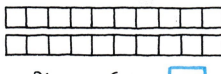

7 + 6 = ☐

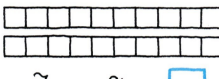

7 + 8 = ☐

❸
| 8 + 7 |

8 + 2 + 5 = ☐

| 9 + 4 |

9 + 1 + ☐ = ☐

| 7 + 6 |

7 + ☐ + ☐ = ☐

| 8 + 5 |

8 + ☐ + ☐ = ☐

❹
| 6 + 5 |

6 + 4 + ☐ = ☐

| 5 + 8 |

5 + 5 + ☐ = ☐

| 6 + 9 |

6 + ☐ + ☐ = ☐

| 7 + 9 |

7 + ☐ + ☐ = ☐

legen / malen / zusammenzählen

❶ Zerlege.

9		7		8		10		6
8			2	3		4		2
4		1		4		5			3
	2		4		3	7		5
	3	2		2			9		2
	6		6		7		2	1

❷ Zerlege in drei Zahlen.

13: 10 | 3 ; 7 3 ; 5 ; 2 ; 6
16: 10 | 6 ; 3 7 ; 8 ; 5 ; 4
14: 10 | 4 ; 6 ; 3 ; 7 ; 4
12: 10 | 2 ; 1 ; 3 ; 5 ; 9

❸

8 + ☐ + 3 = 13
6 + ☐ + 5 = 15
7 + ☐ + 6 = 16
8 + ☐ + 4 = 14
3 + ☐ + 2 = 12

☐ + 5 + 4 = 14
☐ + 8 + 1 = 11
☐ + 3 + 5 = 15
☐ + 4 + 3 = 13
☐ + 7 + 2 = 12

❹ Schreibe in dein Heft und rechne.

7 + 6 = ☐   4 + 7 = ☐   8 + 5 = ☐   7 + 7 = ☐
8 + 4 = ☐   5 + 8 = ☐   9 + 3 = ☐   8 + 7 = ☐
6 + 5 = ☐   6 + 7 = ☐   6 + 6 = ☐   4 + 9 = ☐
4 + 8 = ☐   9 + 4 = ☐   5 + 8 = ☐   6 + 8 = ☐

zerlegen / zusammenzählen über den Zehner

❶ Male richtig aus und rechne.

7 + ☐ = 13

8 + ☐ = 13

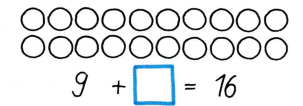

6 + ☐ = 14

9 + ☐ = 16

❷

☐ + 9 = 12

☐ + 4 = 11

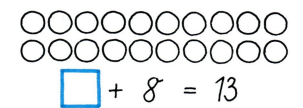

☐ + 8 = 13

☐ + 6 = 13

❸ Rechne. Lege oder male zuerst.

☐ + 3 = 12   8 + ☐ = 12   ☐ + 5 = 14
☐ + 4 = 11   9 + ☐ = 14   7 + ☐ = 11
☐ + 2 = 11   7 + ☐ = 12   ☐ + 8 = 16
☐ + 5 = 13   6 + ☐ = 11   9 + ☐ = 17

❹ Rechne in deinem Heft. Lege mit Spielgeld.

5 Pf + ☐ Pf + 4 Pf = 14 Pf
7 Pf + 3 Pf + ☐ Pf = 12 Pf
9 Pf + ☐ Pf + 3 Pf = 13 Pf
6 Pf + ☐ Pf + 5 Pf = 15 Pf

8 DM + ☐ DM + 5 DM = 15 DM
6 DM + 4 DM + ☐ DM = 13 DM
8 DM + 2 DM + 4 DM = ☐ DM
6 DM + ☐ DM + 5 DM = 15 DM

❺ Michaela liest in ihrem Buch. Sie hat schon 9 Seiten gelesen.
Das Buch hat 16 Seiten. Wie viele Seiten kann Michaela noch lesen?

zusammenzählen und ergänzen über 10 hinweg

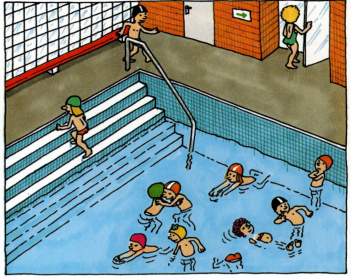

12 − 3 = ☐

1 Rechne. Lege mit Plättchen. Streiche weg.

11 − 4 = ☐
13 − 6 = ☐
12 − 5 = ☐
15 − 7 = ☐

2

13 − 4 = ☐
14 − 6 = ☐
12 − 7 = ☐

3 Rechne. Lege zuerst mit Plättchen.

11 − 2 = ☐   12 − 3 = ☐   13 − 6 = ☐
12 − 4 = ☐   13 − 4 = ☐   11 − 5 = ☐
13 − 5 = ☐   12 − 5 = ☐   15 − 6 = ☐

4

12 − 2 = ☐   14 − 4 = ☐   13 − 3 = ☐
12 − 3 = ☐   14 − 5 = ☐   13 − 4 = ☐

88   abziehen über 10 hinweg

❶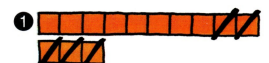

13 − 5 = ☐

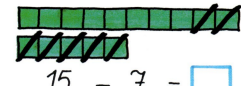

15 − 7 = ☐

12 − ☐ = ☐

11 − ☐ = ☐

❷ |12 − 5|
12 − 2 − 3 = ☐

|14 − 6|
14 − 4 − 2 = ☐

|15 − 9|
15 − 5 − ☐ = ☐

|13 − 8|
13 − 3 − ☐ = ☐

|11 − 4|
11 − ☐ − ☐ = ☐

|16 − 8|
16 − ☐ − ☐ = ☐

|18 − 9|
18 − ☐ − ☐ = ☐

|15 − 7|
15 − ☐ − ☐ = ☐

❸ 13 − 3 = ☐   14 − 4 = ☐   15 − 5 = ☐
13 − 4 = ☐   14 − 6 = ☐   15 − 7 = ☐

12 − 4 = ☐   11 − 2 = ☐   13 − 5 = ☐
12 − 6 = ☐   11 − 4 = ☐   13 − 7 = ☐

abziehen über den Zehner hinweg

❶

11 > 7

7 + ☐ = 11

11 − ☐ = 7

17 ◯ 8

8 + ☐ = 17

17 − ☐ = 8

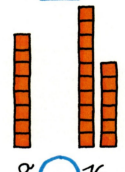

5 ◯ 12

5 + ☐ = 12

12 − ☐ = 5

❷

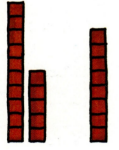

15 > 8

☐ + ☐ = 15

☐ − ☐ = 8

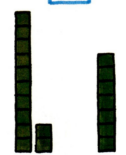

12 ◯ 7

☐ + ☐ = ☐

☐ − ☐ = ☐

8 ◯ 16

☐ + ☐ = ☐

☐ − ☐ = ☐

❸ Zerlege große Zahlen.

15	17	13	11	16	14	12
8	7	9		8		4		8			7	5	
7		7			6		8		7		9		6
	9		8		13		6		9		8		8

90   Zahlen vergleichen / Zahlen zerlegen

| 0 | 1 | 2 | 3 | 4 | 5 | 6 | 7 | 8 | 9 | 10 | 11 | 12 | 13 | 14 | 15 | 16 | 17 | 18 | 19 | 20 |

❶

❷

12 —(−4)→ 8

❸

7 —(+6)→ ☐

8 —(+4)→ ☐

6 —(+5)→ ☐

13 —(−4)→ ☐

15 —(−7)→ ☐

8 —(+6)→ ☐

8 —(+7)→ ☐

14 —(−6)→ ☐

15 —(−8)→ ☐

zusammenzählen und abziehen mit Rechenpfeilen

1

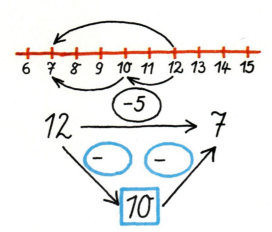 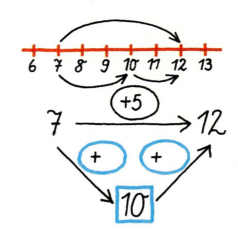

2

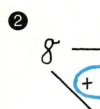 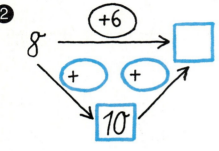 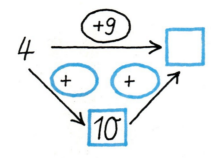 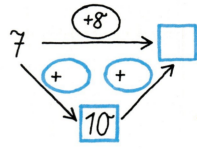

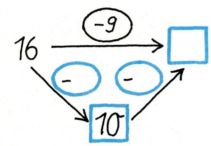 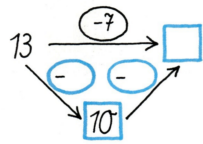 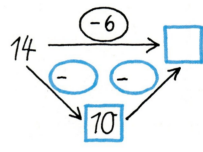

3

8 →(+5)→ □   7 →(+4)→ □   9 →(+2)→ □

12 →(−3)→ □   16 →(−8)→ □   13 →(−6)→ □

4

6 →(○)→ 13   14 →(○)→ 9   8 →(○)→ 15

12 →(○)→ 7   7 →(○)→ 14   13 →(○)→ 9

5

□ →(+6)→ 15   □ →(+9)→ 14   □ →(+5)→ 12

□ →(−8)→ 3   □ →(−6)→ 9   □ →(−4)→ 7

zusammenzählen und abziehen mit Rechenpfeilen / über den Zehner hinweg

❶

+6 →		-5 →	+7 →		-6 →
7	13	14	7		12
6		12		12	14
8		15		14		7
9		13	8			5
5		11		16	15
11		18		19		10

❷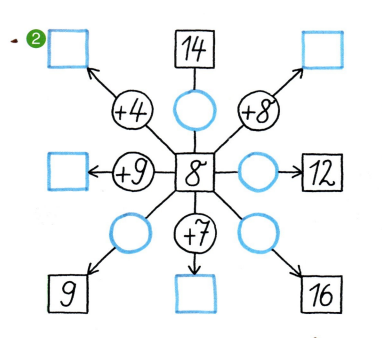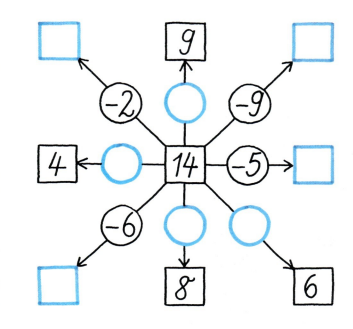

 ❸ Schreibe in dein Heft. Rechne.

7 + 4 = ☐   4 + 7 = ☐   5 + 7 = ☐   7 + 5 = ☐   5 + 8 = ☐
8 + 5 = ☐   6 + 9 = ☐   6 + 8 = ☐   8 + 4 = ☐   4 + 7 = ☐
6 + 6 = ☐   7 + 8 = ☐   9 + 3 = ☐   9 + 7 = ☐   9 + 8 = ☐
11 − 4 = ☐   12 − 3 = ☐   13 − 5 = ☐   12 − 5 = ☐   11 − 6 = ☐
13 − 6 = ☐   13 − 7 = ☐   11 − 7 = ☐   16 − 9 = ☐   14 − 5 = ☐
15 − 7 = ☐   16 − 8 = ☐   17 − 8 = ☐   14 − 6 = ☐   17 − 9 = ☐

zusammenzählen und abziehen über den Zehner hinweg

| 1 | 2 | 3 | 4 | 5 | 6 | 7 | 8 | 9 | 10 | 11 | 12 | 13 | 14 | 15 | 16 | 17 | 18 | 19 | 20 |

1
14 − 6 = ☐   13 − 5 = ☐   12 − 7 = ☐
13 − 7 = ☐   14 − 7 = ☐   14 − 8 = ☐
15 − 6 = ☐   15 − 7 = ☐   16 − 9 = ☐
11 − 5 = ☐   18 − 9 = ☐   11 − 6 = ☐
12 − 4 = ☐   14 − 5 = ☐   13 − 8 = ☐

2
12 − ☐ = 9   14 − ☐ = 8   16 − ☐ = 16
11 − ☐ = 8   15 − ☐ = 9   14 − ☐ = 8
13 − ☐ = 13 11 − ☐ = 6   15 − ☐ = 7

3 Kai hatte 12 Filzstifte. 4 Stifte hat er verloren. Wie viele Filzstifte hat Kai noch?

4 Auf dem Parkplatz am Zoo stehen noch 7 Autos. 8 Autos sind schon weggefahren. Wie viele Autos standen vorher auf dem Parkplatz?

5
☐ − 2 = 9   ☐ − 4 = 8   ☐ − ☐ = 8
☐ − 0 = 12   ☐ − 5 = 9   ☐ − ☐ = 9
☐ − 3 = 8   ☐ − 3 = 8   ☐ − ☐ = 7
☐ − 5 = 7   ☐ − 6 = 7   ☐ − ☐ = 5

6
12 DM − 6 DM = ☐ DM   15 DM − 7 DM = ☐ DM   12 Pf − 6 Pf = ☐ Pf
14 DM − 7 DM = ☐ DM   13 DM − 8 DM = ☐ DM   13 Pf − 7 Pf = ☐ Pf
13 DM − 5 DM = ☐ DM   16 DM − 7 DM = ☐ DM   14 Pf − 8 Pf = ☐ Pf
17 DM − 8 DM = ☐ DM   12 DM − 5 DM = ☐ DM   15 Pf − 9 Pf = ☐ Pf

abziehen über den Zehner hinweg

Lege zuerst mit Plättchen und rechne.

7 + 4 + 3 = ☐

❶
9 + 2 + 3 = ☐   7 + 4 + 0 = ☐
5 + 4 + 2 = ☐   8 + 3 + 5 = ☐
8 + 0 + 3 = ☐   0 + 6 + 8 = ☐

❷
11 − 2 − 0 = ☐   18 − 4 − 2 = ☐
13 − 4 − 2 = ☐   11 − 0 − 5 = ☐
16 − 4 − 4 = ☐   12 − 4 − 3 = ☐

❸ Erzähle Rechengeschichten.

13 − 2 = 11   11 − 4 = 7   15 − 6 = 9

❹ Viele Aufgaben für Rechenmeister

16 + 3 = ☐   11 − 5 = ☐   8 + 4 = ☐
15 + 0 = ☐   15 − 7 = ☐   11 − 6 = ☐
9 + 9 = ☐   16 − 0 = ☐   9 + 7 = ☐

❺
20 − 7 = ☐   12 + 8 = ☐   11 + ☐ = 20
20 − 4 = ☐   14 + 5 = ☐   20 − ☐ = 17
20 − 9 = ☐   13 + 0 = ☐   20 − ☐ = 20

❻
17 + ☐ = 20   20 − ☐ = 16   14 + ☐ = 20
15 + ☐ = 20   20 − ☐ = 11   20 + ☐ = 20

Übungen zum Zusammenzählen und Abziehen

☐ + ☐ = ☐

☐ + ☐ = ☐

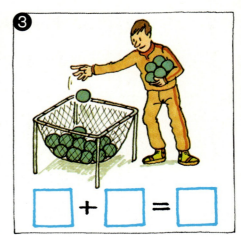

☐ + ☐ = ☐

☐ − ☐ = ☐

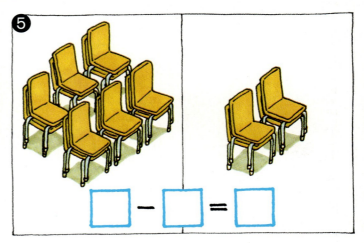

☐ − ☐ = ☐

☐ − ☐ = ☐

☐ − ☐ = ☐

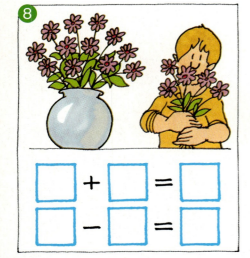

☐ + ☐ = ☐
☐ − ☐ = ☐

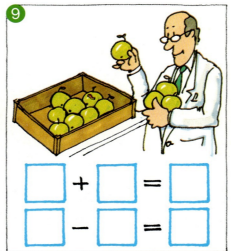

☐ + ☐ = ☐
☐ − ☐ = ☐

☐ + ☐ = ☐
☐ − ☐ = ☐

zusammenzählen und abziehen / Sachaufgaben

Die ganzen Zehner bis 100

Bilde Zehnerbündel.

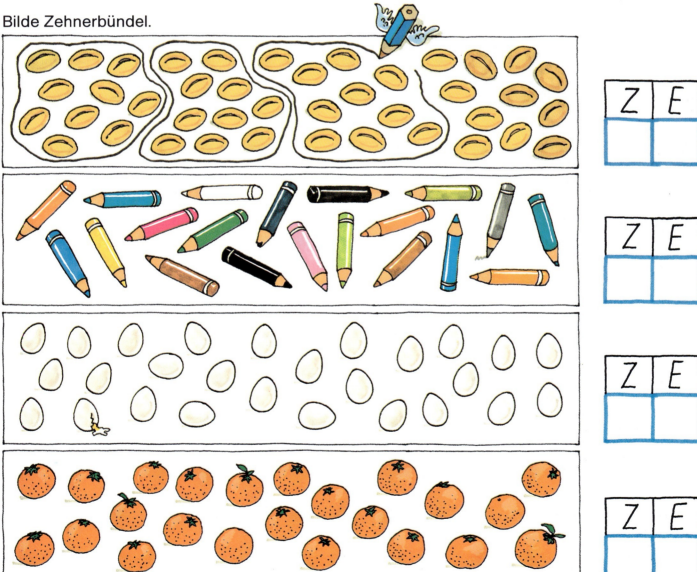

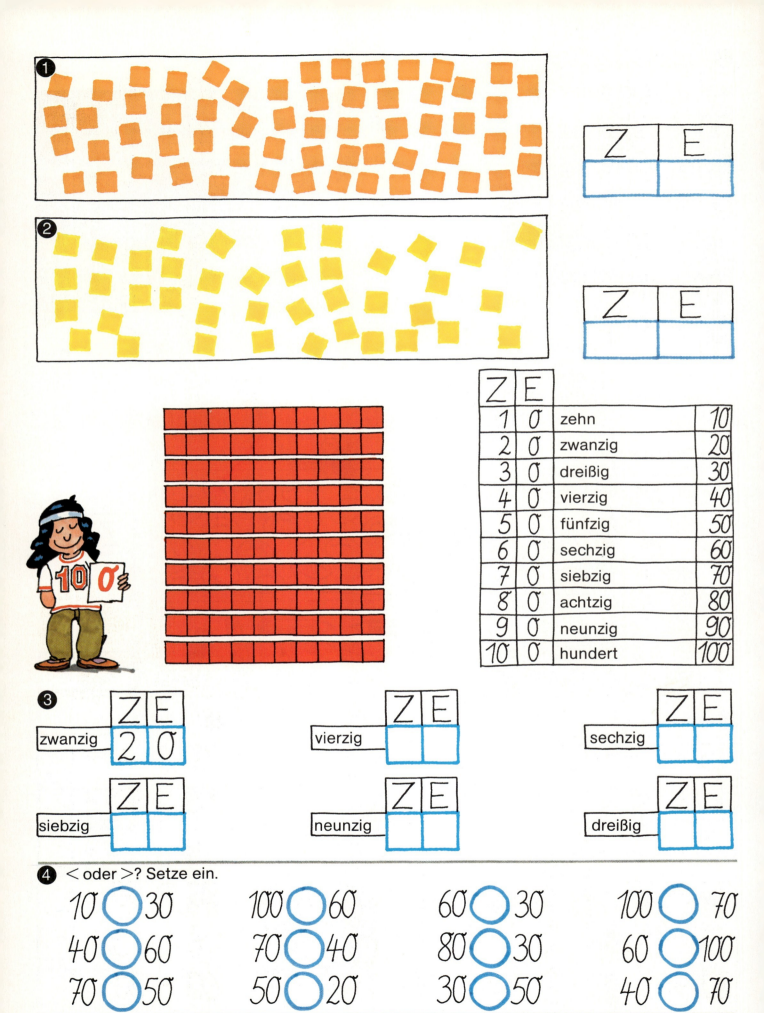

❶
20 + 20 =
30 + 30 =
40 + 40 =

50 + 10 =
40 + 20 =
30 + 40 =

40 + 60 =
70 + 30 =
90 + 10 =

❷
40 − 20 =
80 − 10 =
100 − 50 =

100 − 20 =
40 − 30 =
90 − 50 =

90 − 20 =
60 − 40 =
100 − 80 =

❸
5 + 3 =
50 + 30 =
2 + 6 =
20 + 60 =
2 + 3 =
20 + 30 =

❹
10 − 4 =
100 − 40 =
9 − 5 =
90 − 50 =
6 − 3 =
60 − 30 =

mit Zehnern rechnen / Zehner vergleichen

DM, Pf – Rechnen mit Preisen – Münzen und Scheine

❶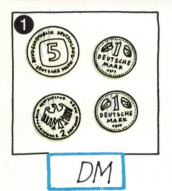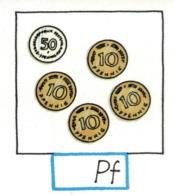

| DM | Pf | DM | DM |

❷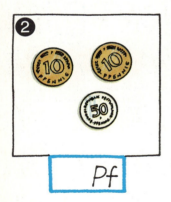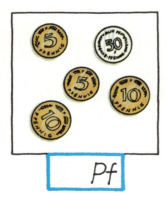

| Pf | Pf | DM | DM |

❸ Lege mit Spielgeld und trage ein.

	5	2	1
9 DM			
13 DM			
18 DM			

❹

	50	10	5
70 Pf			
60 Pf			
90 Pf			

mit Spielgeld legen / Geldwerte bestimmen und aufschreiben

❶ Wie bezahlst du? Streiche die Münzen oder Scheine durch, die du zum Bezahlen brauchst. Lege andere Möglichkeiten.

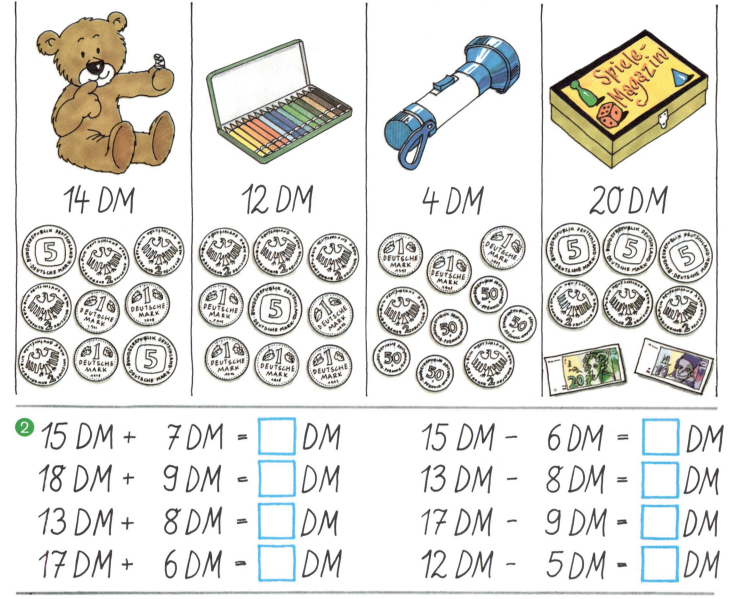

14 DM   12 DM   4 DM   20 DM

❷ 15 DM + 7 DM = ☐ DM   15 DM − 6 DM = ☐ DM
   18 DM + 9 DM = ☐ DM   13 DM − 8 DM = ☐ DM
   13 DM + 8 DM = ☐ DM   17 DM − 9 DM = ☐ DM
   17 DM + 6 DM = ☐ DM   12 DM − 5 DM = ☐ DM

❸ 60 Pf + 30 Pf = ☐ Pf   90 Pf − 60 Pf = ☐ Pf
   30 Pf + 40 Pf = ☐ Pf   80 Pf − 30 Pf = ☐ Pf
   50 Pf + 30 Pf = ☐ Pf   70 Pf − 40 Pf = ☐ Pf
   70 Pf + 30 Pf = ☐ Pf   50 Pf − 10 Pf = ☐ Pf

❹ Michael kauft auf dem Flohmarkt ein buntes Heft für 30 Pf und ein Auto für 50 Pf. Wieviel hat Michael ausgegeben?

❺ Eine Postkarte kostet 80 Pf Porto. Mutter hat schon eine Briefmarke zu 50 Pf aufgeklebt. Wieviel Pfennig fehlen noch?

❻ Heike hat 1 DM. Sie kauft sich einen Beutel Bärchen für 60 Pf. Wieviel Geld behält sie übrig?

mit Geldwerten rechnen

Sachaufgaben

1. Im Kirschbaum sitzen 14 Stare. Im Apfelbaum sitzen 6 weniger. Wie viele Stare sitzen im Apfelbaum?

2. 7 Wanderer sind schon über die Brücke gegangen. Das ist die Hälfte der Wandergruppe. Wie viele Wanderer gehören zu der Gruppe?

3. Auf dem Beet stehen 18 Tulpen. Die Hälfte davon ist rot. Wie viele Tulpen sind das?

Max und Maxie wandern durch die Jahreszeiten. Löse alle Aufgaben am Weg. Lege jedes Mal ein Plättchen auf das richtige Lösungsfeld. Wenn du alle Aufgaben richtig gelöst hast, entsteht ein H.

1	19	40 Pf	3	16	13	2 Pf	4 DM
20	10 Pf	18	100	80	15 DM	5	70
0	2	60	12	6	8	60	11 Pf
11	30	12 DM	20 DM	1 DM	9	17 DM	17
40	14	7	50	18 DM	14	90	3

10. Die Kinder haben 14 Schneemänner gebaut. 8 Schneemänner haben eine Nase. Wie viele haben keine Nase?

11. Herr Grün hatte 100 Weihnachtsbäume. 40 Bäume hat er schon verkauft. Wie viele sind noch übrig?

12. Lutz kauft Geschenke für Weihnachten: Briefpapier für 5 DM, einen Kalender für 4 DM und eine kleine Puppe für 3 DM. Wieviel Geld gibt er aus?

④ Peters Klasse ist im Schwimmbad. 8 Kinder sind im Wasser, 3 Kinder duschen, 7 Kinder sitzen am Beckenrand. Wie viele Kinder sind das zusammen?

⑤ Der Bauer hat 16 Schafe. 9 Schafe sind schon auf der Wiese. Wie viele sind noch im Stall?

⑥ Klaus kauft ein Eis für 60 Pf. Er bezahlt mit 1 DM. Wieviel Geld bekommt er zurück?

⑦ In der Achterbahn hat jeder Wagen 6 Plätze. 2 Wagen sind besetzt. Wie viele Plätze sind insgesamt besetzt?

⑧ Am Himmel stehen 6 blaue, 3 rote und 4 grüne Drachen. Wie viele Drachen sind es zusammen?

⑨ Uta hat für den Jahrmarkt 4 DM, Lars hat 5 DM, Anke hat 6 DM. Wieviel DM haben sie zusammen?

erzählen / lesen / rechnen / Sachaufgaben / Textaufgaben

Erfahrungen mit Zahlen 2-9
Sortieren und zuordnen – Zahlen in Alltagssituationen – Würfelbilder und Ziffern – Mengen und Ziffern

Die Zahlen 1 bis 6 – Einführung (Kardinalzahl) 10-17
Mengen und Zahlen, Ziffern schreiben – Mengen bestimmter Anzahl bilden

Ordnen der Zahlen 1 bis 6 (Ordinalzahl) 18-23
Mengenvergleiche – Zahlenvergleiche (ist kleiner als, ist größer als) – Ordnen der Zahlen, Ordnungszahlen

Zusammenzählen und abziehen 24-35
„Plus-Situationen", Addieren – Tauschaufgaben, Rechengeschichten zur Addition – Übungen mit Platzhalterwechsel – „Minus-Situationen", Subtrahieren – Rechengeschichten zur Subtraktion – Übungen mit Platzhalterwechsel – Umkehraufgaben

Die Zahlen 7 bis 10 – Einführung 36-45
Zahlen in Alltagssituationen – Mengen und Zahlen – Zahlen zerlegen – Halbieren, verdoppeln

Geometrie: Orte, Wege, Formen 46-49
Orte – Wege, Lagen – Rechteck, Quadrat, Dreieck, Kreis

Die Ordnung der Zahlen von 1 bis 10 – Nachbarzahlen 50-53
Nachbarzahlen, Vorgänger und Nachfolger – Zahlenvergleiche (ist kleiner als, ist größer als) – Ordnungszahlen bis 10

Zahlensätze – zusammenzählen und abziehen 54-57
Zahlen zerlegen, Plus- und Minus-Aufgaben mit gleichen Ergebnissen – Gleichsetzen von Termen

Die Zahl 0 – zusammenzählen und abziehen 58-61
Die Zahl 0, rechnen mit der 0 – Umkehraufgaben

Einkaufen und verkaufen – Geld – DM, Pf 62-65
Einkaufen und verkaufen, Münzbeträge addieren – Mit Geld rechnen, Geldbeträge zerlegen

Zahlenband – Rechenpfeile 66-69
Addieren und subtrahieren mit Rechenpfeilen – Rechenspiel zur Addition

Die Zahlen bis 20 70-83
Zählen bis 20 – Bündeln zu 3, 6, 10 – Die Zahlen von 0 bis 20 – Vorgänger, Nachfolger, Ordnungszahlen, Zahlen vergleichen – Zahlenfolgen, gerade und ungerade Zahlen – Verdoppeln und halbieren, Nachbaraufgaben – Addieren und subtrahieren im Zahlenraum bis 20, Tauschaufgaben

Zusammenzählen und abziehen bis 20 84-96
Addieren mit Zehnerübergang, Zahlen zerlegen – Subtrahieren mit Zehnerübergang – Zahlen vergleichen, Zahlen zerlegen – Addieren mit Rechenpfeilen, Zehnerübergang – Subtrahieren mit Zehnerübergang – Addieren und subtrahieren mit Zehnerübergang – Bildaufgaben

Die ganzen Zehner bis 100 97-99
Bündeln zu 10, Stellentafel – Die Zehner bis 100 – Addieren und subtrahieren mit Zehnern

DM, Pf – Rechnen mit Preisen – Münzen und Scheine 100-101
Geldwerte – Addieren und subtrahieren mit Geld, Sachaufgaben

Sachaufgaben 102-103

Mathemax neu Mathematik für Grundschulkinder
Ausgabe N
1. Schuljahr

Die Texte am Fuß jeder Seite im Schülerbuch und im Arbeitsheft sind als Hinweise für Eltern und Lehrer gedacht.

Beratung: Wolfgang Kockert, Cottbus
Lothar Preußer, Halle
Edmund Wallis, Leipzig

Redaktion: Max W. Busch

Layout: Uwe Becker

Fotos: Cornelsen Verlag
(Ingeborg Ullrich, Angelika Fischer, Rüdiger Günnewig, Klaus Wagener)
roebild, Frankfurt a. M. (S. 58)

1. Auflage – Druck 1993
Alle Drucke dieser Auflage können, weil untereinander unverändert, im Unterricht nebeneinander verwendet werden.
© 1992 Cornelsen Verlag Berlin
Das Werk und seine Teile sind urheberrechtlich geschützt. Jede Verwertung in anderen als den gesetzlich zugelassenen Fällen bedarf deshalb der vorherigen schriftlichen Einwilligung des Verlages.
Druck: Cornelsen Druck, Berlin
ISBN 3-464-01420-7
Bestellnummer 14207